娄东自古人才仓

汤雄 著

河南大学出版社
·郑州·

图书在版编目（CIP）数据

娄东自古人才仓 / 汤雄著. -- 郑州：河南大学出版社，2024.7. --（院士的足迹 / 刘放主编）.
ISBN 978-7-5649-5989-0

Ⅰ．K826.1

中国国家版本馆CIP数据核字第20240QJ502号

LOUDONG ZIGU RENCAI CANG
娄东自古人才仓

策划编辑	邵培松
责任编辑	韩　琳
责任校对	刘利晓
装帧设计	陈盛杰
封面设计	高枫叶

出版发行　河南大学出版社
　　　　　地址：郑州市郑东新区商务外环中华大厦2401号
　　　　　邮编：450046
　　　　　电话：0371-86163953（数字出版中心）
　　　　　　　　0371-86059701（营销发行中心）
　　　　　网址：hupress.henu.edu.cn
印　　刷　郑州印之星印务有限公司
版　　次　2024年7月第1版　　　印　次　2024年7月第1次印刷
开　　本　889 mm×1194 mm　1/32　印　张　5.875
字　　数　113千字　　　　　　　定　价　42.00元

（本书如有印装质量问题，请与河南大学出版社联系调换．）

序　言

一年多前，河南大学出版社的邵培松先生告诉我，他们准备出版一套100册的"院士的足迹"丛书，主要讲述院士们的成长历程，以及他们学习、工作与生活的故事。当时就觉得，这是一个很有意义、含金量也很高的出版选题。

出版社题旨明晰具体，面向的读者群为中小学生。培养我们年轻的一代从小具有理想追求，具有见贤思齐、锐意进取意识，具有肩负起中华民族伟大复兴的情怀和担当，这需要策划者本身就具备立足当下、拥抱未来的情怀和担当。

习近平总书记指出："中国要强盛、要复兴，就一定要大力发展科学技术，努力成为世界主要科学中心和创新高地。""院士的足迹"丛书，就是中原大地上的出版人铭记总书记嘱托，并从责任和道义上自觉萌生的同频共振良好举措。这样的图书，一定有广博的资源、广阔的前景和广泛的知音。

院士是中国科学技术的高端人才、国家瑰宝。不论是中国科学院院士，还是中国工程院院士，他们都是在各自的科研领域取得系统性、创造性重要成就的专家，为国家和人民做出了突出贡献，并都在各自的科研领域起着引领和带头的作用。在他们中间，既有华罗庚、苏步青、李四光、竺可桢、茅以升等老一代科学家的身影，又有钱学森、王淦昌、程开甲、袁隆平、钟南山等当代科学家形象。他们值得全社会敬重。学习他们，亲近他们，视他们为明星，是我们全民族，尤其是孩子们，都应具备的一种审美标准和价值取向的认同。

科学素质已经成为当代人基本素养的一个重要标志。一个民族没有全民科学素质的普遍提高，这个民族就很难建立起壮阔的高素质创新大军，难以实现科技成果快速转化。要让科技创新扎根在公众科学素质和能力不断增强的沃土中，在全社会推动形成讲科学、爱科学、学科学、用科学的良好氛围，使蕴藏在亿万人民中间的创新智慧充分释放、创新力量充分涌流，就需要拥有情怀和担当的有识之士，扎扎实实地做好具体的推动工作，包括如河南大学出版社出版的这套"院士的足迹"大型丛书。

增强公众科学素质是一项打基础的工程,要注重科学知识的普及,要注重科学思想的传播,更要人们从审美观和价值观上,亲近爱党爱国的广大院士。他们正是以这种爱为动力,以振兴中华为己任,一步一个脚印地迈向科技高地。如果我们从娃娃抓起,在中小学生中大力加强科学教育,加强科学人的人格人品魅力熏陶,引导他们自觉热爱科学、崇尚科学,并成为实现科技创新的接力和传承力量,何愁我们全民族的公众科学素质得不到充分提升?

"院士"这个题材,在出版界早已不乏开掘者;但这套大型丛书不同凡响处,就在"足迹"二字上,可谓独辟蹊径,别开生面。相对于那些偏重院士成就光芒的文献型出版物,这套深入浅出、注重可读性的院士丛书重今而更重昔,用的是"倒叙"的思路和创意,溯流而上,追寻院士们一路走过的足迹,特别是他们童年、少年时代的足迹。这些深深浅浅带有童稚气的脚印,或在田埂,或在海滩,或在江边,或在山岭,或在北国,或在南疆,或深陷于穷乡僻壤的泥泞田野,或描画在富庶宅院的地板地毯……忽然想到一部名为《超人》的电影,超人一发力,让地球倒转,江河与时间倒流,垂垂老矣的院士们岂不是一个个都年轻起来了?青春迸发了?稚气未脱了?这多么有趣而好玩。读者与院士们瞬间消除代沟，院士们"穿越"成了孩子们拉钩搂肩的朋友、哥们儿，有着共同的话题和语言。我想，不单年轻的读者们喜欢，连返老还童的院士自身，也一定会开心不已。这套丛书，创意不凡，清新脱俗。

以地域籍贯来归类院士的标准，比较合理得当，容易使各册院士人物都拥有一种相近的乡土文化归属感。"一方水土养一方人"，读院士们的故事，也了解到了一方的风土人情，使得丛书在总体规划设计上具有条理性、科学性，人物也更接地气，便于整体上的思辨、考量和把握。

从体量上把握，给孩子们提供阅读就一定要轻松活泼，图文并茂，规避沉重和生硬说教。每册七八万字，选进七八位院士，每位院士介绍文字万字左右，选取人物最生动有趣的片段，读来好玩有味，自然而然地走进院士的生活和心灵世界，打开自己眼界，让爱科学的种子悄然播种在自己的心田。读者将来不一定都要做科学家，但爱学习、爱思考的习性，会让小读者们眉宇添聪慧，目光愈加清亮有神，从而一生获益。

另外，还有不能不提的，是本丛书的主编刘放先生，他是我二十多年的朋友，我在《姑苏晚报》开设的《滴石斋》专栏，他做了十多年的责任编辑，我对他可以说比较了解。他早年做过中学教师,后从事新闻媒体工作三十多年,是资深媒体人,与不少两院院士有过面对面的接触访谈。在他的眼中,院士的光环不会炫目遮蔽其目光,而是真实可触摸、可敬可亲可爱的人。而且,刘放涉猎宽泛,修养全面,他所编著的十数种出版物中,有小说,有散文,有诗歌,有访谈对话,有旅游文化,还有少儿读物,所以他比较适合当这类面向中小学生的大型丛书主编。我还听说,他为了这套丛书都打算提前退休,我想,他一定是认清了这套丛书的价值,积蓄了丰沛的激情,全力以赴。我有理由看好他。

江苏沙洲优黄的黄庭明先生慷慨赞助本项目,彰显民营企业的担当,让人感动,我代表出版社、作者以及读者表示感谢。

出版社邀请我为这套100册的图书写一个总序,我乐意为之。在书前为读者号号本丛书的脉,掂掂本丛书的量,说出如是感想。

新教育实验有一个生命叙事理论,认为每个人都是自己生命故事的主人公,也是自己生命故事的作者。能不能把自己的生命故事变成一个伟大的传奇,在很大程度上取决于我们有没有为自己寻找一个生命的原型、人生的榜样。这套丛书中的院士,是应该可以成为青少年学生的生命原型的。所以，我也会在自己的新教育研究和推广中，适时运用和宣传这套丛书，权作为中原出版人摇旗呐喊。让我们一起为了美好的明天，不负时代，共同奋斗。

朱永新
2020年1月20日

（作者系新教育发起人、著名教育理论家，第十四届全国政协副主席，民进中央常务副主席，苏州大学博士生导师。）

目　录

001 // 唐孝威：探索整个自然界的强者

052 // 邹世昌：大到原子弹小到芯片，都有他的心血

072 // 黄胜年：不会"湮没"的"径迹"

097 // 吴健雄：诺贝尔奖的"保姆"

122 // 唐孝炎：一辈子与大气污染为敌

143 // 朱棣文：捕光捉影的后面

173 // 参考文献

175 // 后　记

唐孝威：
探索整个自然界的强者

唐孝威（1931年10月1日— ）原子核物理及高能物理学家，浙江大学物理系教授、博士生导师；1980年当选中国科学院院士（学部委员）。

一、少年布尔什维克

1. 米汤写就的《入党申请书》

1948年初冬的上海，格外寒冷。南洋模范中学放学后，一个名叫唐孝威的少年，紧跟着另一个少年，来到一个僻静的地方。

"你准备好了吗？"

"我时刻准备着。"随着话音，唐孝威从贴胸处取出一方折叠起来的道林纸，郑重地塞到对方的手中，充满睿智的双眸在晚霞中闪闪发光。

见四下无人，对方徐徐打开那折纸片，却是一张上面什么也没有的白纸。对方满意地点点头，他知道，这是一份加入中国共产党的申请书，是唐孝威根据他的指示，用毛笔蘸着米汤写下的，只要用碘酒涂一下，所有的内容都会显出来。

"我志愿加入中国共产党……头可断，血可流，永不叛党！"就在那天，17岁的唐孝威紧握右拳，热血沸腾，成了一个少年布尔什维克。

为了保密起见，地下党多采取单线联系，发展同志入党也只有一个人接触，避免暴露更多的党员。所以现场引领唐孝威入党宣誓的只有中共南洋模范中学（简称南模中学）地下党书记、与唐孝威同校同年级丙班的同学王纯亨一人。

但唐孝威的入党介绍人是按纪律组成的，他们是王纯亨、王志周、何祚榕。

唐孝威入党后除了继续担负南模民众义务夜校的工作外，还开展班级工作，他先后与顾慰庆（美籍华裔科学家顾毓琇的儿子，唐孝威同年级中共地下党员）、李道豫（后任中国驻美大使，唐孝威同年级丙班中共地下党员）等一起过组织生活，领导与组织高中三年级进步同学开展革命活动，还单线发展了同班同学高锴、王则明入党。

尽管当时的上海正处在黎明前的黑暗中，但国民党反动派还在做最后的挣扎，不时有中共地下党员莫名地失踪或被暗杀。

2. 国破家祸，催生成熟

小小少年何来如此坚定的共产主义信念？

树有根，水有源。说来话长。

唐孝威出生于1931年10月1日，他的祖父不是别人，正是在1999年新版《辞海》中有记载的中国现代史上著名的教育家、工学先驱、国学大师唐文治。清同治四年（1865）十月十六，唐文治出生于江苏太仓市岳王乡。他将大半辈子贡献给了中国的教育事业，是一位思想开明、闻名江南的爱国学者。

唐孝威的父亲唐庆永，早年获美国俄亥俄州立大学经济科硕士学位，曾任上海、杭州、苏州、成都等地的上海商业储蓄银行分行经理；他的大伯唐庆诒，生前是交通大学外语系教授，大伯母俞庆棠也曾留美读教育学，是一位民众教育家（中华人民共和国刚成立，即参加新政协会议，被任命为中央人民政府教育部社会教育司司长）；三伯唐庆增，获美国哈佛大学经济学硕士学位，后任复旦大学教授。就连比唐孝威大了6岁的堂兄唐孝宣，新中国成立前在上海读中学时，便是中共地下党员，后被学校开除，遂赴美国留学（新中国成立后回国，先后担任过华北制药厂、河北省医药局党政主要领导）；而他的四个堂姐妹，也都是中共地下党员，后来大多在大学当教师。

唐孝威生长在这样一个典型的书香门第，他无时无刻不浸润在祖辈、父辈们所营造的文化氛围中。

然而，日本强盗却不让他们一家人安生。1937年卢沟桥事变爆发，日本侵略军大举进攻华北；8月13日又对上海发动了大规模的进攻。当时全家人已在爷爷唐文治的带领下，躲避到了无锡。但只过了一个多月，1937年10月6日，日机就出现在了无锡城的上空，轰炸了北门及东门，在两个小时内投弹二十多枚，逼得唐文治全家不得不躲入地下室。当时，小孝威一头钻在爷爷的怀里，平生第一次尝到了被倭寇侵扰的惊恐。"我们中国人为什么不抵抗？""我们为什么没有能力还击呢？"小孝威将串串疑问问向才高八斗的爷爷。

"腐朽落后，连艘炮艇也不会造，不挨打才怪呢！"爷爷唏嘘不已。

11月12日，日机又轰炸了无锡南门内的普仁医院，正在该院治疗伤寒症的堂姐唐孝纯逃出了医院，和家人一起蜷缩在地下室，唐孝威为在死神面前挣扎的堂姐而揪心。

万分危急中，唐文治应同事陈天倪的邀请，于11月17日带领全校师生与全家老小，分乘三艘小船，在兵荒马乱中经常州、丹阳，随难民潮涌入镇江，准备把学校远迁湖南长沙。在长达三个月的长途跋涉中，全家人受尽了艰辛与磨难。

然而,好不容易抵达湖南衡阳,1938年2月17日,日本飞机又出现在衡阳的上空,投下了几十枚炸弹,弹片横飞与地动山摇间,唐文治只得带领大家向桂林逃亡。在桂林,他们总算得到了暂时的安定,学校也开始上课。但到了6月中旬,桂林也遭到了日机的轰炸,死伤十多人。唐文治因年事已高,体弱多病,只好把校务托付他人代理,自己携全家绕道香港,返回上海。

就在此期间,这个家又遭不幸。时任上海商业储蓄银行苏州分行经理的唐庆永,竟然有了外遇,在成都和一个女子姘居,断了家资的供给。孝威的母亲陆庆兰悲愤满腔,领着三个儿女赶到成都,找丈夫讲理。没想到反被唐庆永拒之门外。陆庆兰伤心欲绝,但为了孩子,她最终还是放弃了轻生的念头,顽强地活了下来。

国破和家祸,加快了小孝威的成熟。"长大了我一定要争气"的决心,锤炼了他自强自立的刚强性格。这也是奠定他后来倾心于交叉学科并卓有建树的极其重要的思想基础。

3. 身在课堂,心系天下

1943年秋,唐孝威以优秀的成绩直接升入上海名牌中学——南洋模范中学。在那里,他受到了良好的教育,对各科的学习都有着浓厚的兴趣。尤其是做数学习题,他总觉得是一种享受和乐趣,课本上的习题做完了,又去做更深一点的课外习题。他还常常利用假期,在完成老师布置的作业后,提前去做下学期新课本上的一些习题。

南模中学是唐孝威成长的摇篮,课程设置除数、理、化以外,历史、地理、语文、英文等学科也都被放在重要的位置。到高中,重点更加明确,就是抓好数理化。教材全部采用英文课本,学生连做笔记、写实验报告、答考卷等,也都用英语写。这种模式使学生不知不觉中掌握了听、说、译、写的能力,无论听课、做实验都兴趣盎然。当然,南模中学教数学的赵宪初、教大代数的王季梅、教物理的俞养和、教化学的徐宗骏、教语文的蒋平阶、教英文的李松涛和郁仁充等都是上海教育界一流的教师,他们的教学与管理方法,都在唐孝威成长道路上起到了非常重要的启蒙作用。在整个中学阶段,品学兼优的唐孝威一直担任班长,兼做一些社会工作。

唐孝威不但在自然科学领域出类拔萃,对社会问题也认真探索与自觉实践。1945年8月,中国人民终于取得了抗日战争的胜利,他感到了一种如释重负的扬眉吐气。

但是没多久,国民党继续把矛头指向中国共产党,挑起了更大的国内战争,全国经济彻底崩溃,广大民众仍然生活在水深火热中。于是,国民党统治区的人民掀起了声势浩大的爱国民主运动,上海的学生运动也随之蓬勃发展起来。

一次，唐孝威的两位正在上中学的堂姐参加了反蒋抗美的游行示威活动，遭到了国民党警察的水龙头喷射，一个被抓了起来，一个被开除了学籍。至此，唐孝威才知道他的堂姐们是中共地下党员。堂姐们的革命行动对唐孝威造成很大的触动。

当时，同学李海瑞和外校的两名中学生合编了一个油印刊物《文坛》，唐孝威和同学高锴一起主动向这个刊物投稿，发表他们对时局的看法。他还参加了中共地下党员及进步同学组织的社团和读书会，阅读了许多如埃德加·斯诺的《西行漫记》、艾思奇的《大众哲学》等进步书籍，对中国共产党领导的革命斗争和二万五千里长征有了深入的了解，还初步懂得了一些马克思主义的哲学道理。

为使学校附近的非产业工人及他们的家属提高文化和阶级觉悟，中共南模地下党支部十分支持学校开办工人夜校，由地下党员和进步学生担负夜校的工作。唐孝威作为进步学生，一直积极参加活动，年仅17岁的他就担任了夜校校长，并参加了中国共产党。本文开头的一幕便是唐孝威入党时的生动记录。

1949年5月20日左右，中国人民解放军将要解放上海的消息传到了大上海。为防止国民党反动派负隅顽抗，制造混乱，上海地下党号召党员组织全市人民，成立人民保安队,护厂护校,维护秩序,迎接解放军入城。南模一千多同学中有二三百人秘密参加了人民保安队,唐孝威日夜活跃在宣传组与翻译组中。

当年5月27日,人民解放军解放了上海,唐孝威和保安队员们一起,通过电话和通告,积极配合解放军警戒和宣传,处理相关事宜。当他亲眼看到人民解放军为了保护上海市区的安全,不向市区发炮,硬是用步枪和手榴弹以巷战的战术,付出了更多的鲜血和生命时,他那颗年轻的心受到了强烈的震撼,随即和同学们一起积极报名参加南下服务团,准备随军南下,解放福建。

但是,唐孝威的行动受到了当时直接领导南模地下党支部的徐汇区学委委员张效浚和王纯亨的劝阻。他们要唐孝威准备报考上海交通大学或清华大学,以便将来在经济建设中发挥骨干作用。

唐孝威服从了组织的安排,在当年高考时,同时报考了上海交通大学和清华大学电机工程系。

结果,两所大学都给他寄去了录取通知书。唐孝威在清华大学电机工程系的考生录取榜上,名列前茅。

唐孝威分别征求了母亲和爷爷的意见,最后选择了清华大学。唐文治的态度很鲜明:清华在北平,又是国立大学,应该上清华。

当年8月下旬,唐孝威告别家人,乘上了赴京的火车。临行前，爷爷不顾双眼几近失明，亲笔书写了一个条幅，送给心爱的孙子。条幅上写的是：

天下苍生待霖雨，英雄赤手挽狂澜。

爷爷的这两句话，成了唐孝威一辈子的座右铭。

4. 从清华大学到中国科学院

唐孝威是作为电机工程系的学生进入清华大学的。

当时在物理系任教的除系主任孟昭英外，还有著名物理教授王竹溪、叶企孙、余瑞璜、周培源、彭桓武、葛庭燧等（后来都是中国科学院的第一批学部委员）。他们教学的共同特点是注重启发式教育，既不是照本宣科式的"讲书"，也不是照教材大纲死板地"讲课"，而是结合他们的科学研究经验，启发学生去思考、理解和掌握科学知识，培养学生独立阅读和钻研各种科技文献的本领。

刚进校的唐孝威就对量子力学特别感兴趣。有几次他竟一个人跑到高年级教室里去旁听彭桓武教授的量子力学课。到三年级时，刚从国外回来的杨立铭教授开了原子物理学课，这更引起了他极大的兴趣。他还特别喜欢做物理实验，不仅认真细致，一丝不苟，而且在写实验报告时常常能够提出自己的想法和问题，这为他日后成为实验物理学家打下了一定的基础。

在物理世界遨游,唐孝威如鱼得水。小到微观粒子,大到茫茫宇宙,都激发了他浓厚的学习兴趣,物理学的广阔天地使他神往。清华三年负笈学习,使他确立了要当一个能更进一步走向未来、探索人类无穷奥秘、为天下人民造福的物理学家的坚定信念。

当然,作为一个17岁就加入中国共产党的年轻党员,唐孝威自是同学中追求政治进步的模范。初到清华大学报到时,时为大学党委委员的彭珮云热情地接待了他,向他介绍了学校党组织的情况。起初,唐孝威担任班上的团支部书记,后来又担任了学校党委纪律检查委员会干事。其间,他还做了不少发展新党员的工作。尽管在大学一年级时的冬天,他因没钱添置衣物,难以抵御北方的寒冷,患上了类风湿脊柱炎,全身骨关节经常疼痛难忍,但他还是挤出一定的时间,认真做好群团工作,把学习和工作处理得井井有条。在整个大学阶段,他一直是学习成绩优秀的好学生。

新中国百废待兴,急需大量经济建设人才。根据国家的安排,新中国成立后入学的第一届清华大学理工科学生学满三年后,全部提前一年于1952年毕业。毕业后唐孝威被分配在中国科学院近代物理研究所工作。

二、关于"596"工程的回忆片段

1. 走进"原子核问题"实验室

进入中国科学院近代物理研究所后,唐孝威满腔热情地投入为国效力的追求中。

中国科学院近代物理研究所成立于1950年5月,中国老一辈物理学家吴有训、钱三强曾先后担任该所的所长,王淦昌曾任副所长。唐孝威分配在四个大组中的核探测器组,组长是刚从英国归来的戴传曾教授。

要开展原子核科学技术研究,就必须研制核探测器。因为靠人的感官是观察不到核辐射的,强烈的放射性会对人体造成伤害,所以人们只能用核探测器来记录和测量核辐射。不论在核工业、核能源、核医学、核农学等领域,还是在核物理和高能物理的基础研究中,都离不开核探测器。

当时刚组建的研究所一穷二白,一切实验设备都得靠科研人员的大脑和双手。所以,不论是封接技术还是材料处理,或是操作工艺、管子结构,都要靠研究人员自己摸索,甚至连玻璃的真空系统都要自己烧制。然而,吹玻璃也要有设备呀,于是他们只好用人工的"皮老虎"(土风箱)代替;电子元件无处可买,便拆卸其他废旧仪器上的重新焊接拼凑起来代替。

1953年,唐孝威的类风湿脊柱炎又犯了,他被组织送往东北鞍山的汤岗子疗养院休养,然而才一个多月,他就又急着回单位上班了。

从这年夏天到次年春天,唐孝威先后接受了单位布置的两项秘密任务:一是跟随地质部勘探小分队到南方山区寻找铀矿;二是带着探测器和其他两位同事一起登上专用飞机,探测国外在太平洋进行核试验对我国大气层造成的核污染情况。

唐孝威在实验工作中观察细致,思考周密,测量精确,勤于思考,很快便有了一些新的发现和创见,和同事们一起总结出了卤素管气体放电的一些带规律性的结论。他的突出表现得到了所领导的赏识,1956年9月,他在经过短期的俄语培训后,被选派到莫斯科杜布纳研究所学习,在"原子核问题"实验室工作。

已在该所高能实验室工作了一段时间的中方负责人王淦昌热烈欢迎他的老师唐文治的孙子的到来,亲自陪他去实验室报到,并将他引荐给主任柯沙达也夫教授。就这样,唐孝威成了这个实验室的第一位中国研究员。

他和两位年轻的苏联同事一起,先后在同步回旋加速器上进行了质子吸收负 π 介子实验、高能电子产生电磁级联簇射的实验,后来又和一位苏联资深科学家一起研制了可控制高压脉冲供电计数器。他们率先研制成功的这种新型探测器,成为后来在高能加速器实验中广泛使用的火花室和流光室的先驱；在此期间，唐孝威还参与了全吸收谱仪和多板结构的取样式电磁量能器的研究和应用。这些都是世界上在这个领域最早的研究工作之一。

2. 核武器诊断的学术带头人

1960年，唐孝威奉调回国，来到国家第二机械工业部（即核工业部）的第九研究所（后称九院）工作。当时九所的负责人有李觉、吴际霖、郭英会等。所长朱光亚在热烈欢迎他到来的时候，面带几分神秘色彩对他说："有一项极其重要的国防科研任务'596'，现在派你参加。"

原来，中国要搞原子弹了！

这可是唐孝威很早就梦寐以求的事情。

"596"是该项目的特殊代号，意指1959年6月苏联单方面撕毁双方签订的包括苏联向中国提供原子弹技术在内的《国防新技术协定》，拒绝向中国提供技术资料的日子。

所以，它还隐喻着中国人民发奋图强、自力更生的精神。

唐孝威的主要工作是研究研制原子弹所需要的核物理和进行核测试。

面对"老大哥"无情的背信弃义，肩负着国家和人民的高度信任的唐孝威暗下决心：一定要竭尽全力，完成任务。

原子弹爆炸的全过程依次是：爆轰、压缩、超临界、中子点火、爆炸。

中国人一切都要从零开始：先进行"冷试验"，取得各种数据，最后才进行"热试验"。研制工作最初从缩小尺寸的模拟试验开始，用的是化学炸药及代用品，这样就不会产生强的核辐射和放射性。

在一股巨大的热情推动下，唐孝威带队前往河北怀来县长城脚下工程兵靶场的爆轰试验场，参加缩小尺寸的小型爆轰物理实验和研究。

荒山野坡，大风呼啸，飞沙走石，上班时汽车走过的路，下班时就找不见了。

十几顶帐篷就是他们的实验室兼卧室，工作与生活条件极其艰苦。

1962年底，中央成立了以周总理为主任、7位副总理和7位部长参加的15人专门委员会。国家把核武器研制基地移到了青海湖。

已过而立之年的唐孝威和他的助手徐海珊、陈涵德、杨时礼等在1963年与大批科技人员一起来到了这个西北研制基地。就在那年，经人介绍，他与著名语言学家吕叔湘的女儿吕芳结为了夫妻。

婚后，吕芳也随他一起到了基地，分配在基地幼儿园工作。

然而,唐孝威心里只有爆轰试验,体弱多病的他干脆住进了实验室。

1963年11月20日,研制基地进行了关键性的首次缩小比例的中子点火试验。中子点火爆轰实验的实际测量表明:各种数据和预先模拟计算的结果,完全相符!

中国第一颗原子弹爆炸成功

这就意味着第一颗真正的原子弹可以总装了。

然而,却有个别同志认为唐孝威测得的信号不一定是中子信号。

唐孝威则根据自己多年测量中子的经验和这次获得的各种数据,断定中子点火实验成功。为此,双方发生了很大的争论。

为打消那位同志的疑虑,他们又进行了第二轮试验,结果取得了更多有说服力的数据,再次证明唐孝威的判断是完全正确的。

这两次试验的成功，解决了研制原子弹的关键技术问题，为原子弹的设计和核爆炸试验打下了可靠的基础。

1964年6月6日，青海核武器研制基地进行了和正式原子弹一样大小、一样材料的爆轰模拟试验。在这次关键的试验中，唐孝威带领测量组干脆住到了基地六分厂的工号里。经过几天几夜的精心检查，试验再次获得成功。

"测到信号，试验成功！"唐孝威激动地拿着底片奔到总指挥部会议室，喜悦的喊声让会议室里一片欢腾。这时已是凌晨3点多钟了。

1964年10月16日15时，中国第一颗原子弹在唐孝威们那次1∶1爆轰模拟试验成功的基础上，爆炸成功！

事后，人们将唐孝威测试组通过各种核辐射数据对核弹内部复杂的核反应过程进行的测量和诊断称为"核诊断"。一位当年参加现场试爆的核物理学家高度评价唐孝威做出的重大贡献，并称他是"核武器诊断的学术带头人"。

3. "两弹"成功的秘诀——"空气动力学"

东风急，大漠深处烧热核。烧热核，万众声欢，群丑声栗。英雄挥起如椽笔，要有要快要超越。要超越，红心如火，壮志如铁。

这是唐孝威在我国第一颗氢弹试验爆炸成功后满怀激情创作的一首《忆秦娥》。

在完成原子弹的试验任务后，根据上级部署，唐孝威又带领实验人员迅速投入研制氢弹的战斗中。

1965年，唐孝威领导的核测试组扩建为核试研究室，由他担任主任，王世绩担任副主任，王乃彦、华欣生等年轻专家也来到了研究室，还带来了许多大学生。在唐孝威的带领下，大家信心百倍地开展了氢弹原理的实验。和原子弹试验一样，仍分为"冷试验"与"热试验"两部分。

唐孝威与早在20世纪50年代初就相识的科学家于敏再次并肩作战。

1966年5月9日，为取得热核聚变的试验数据，证明于敏等人提出的氢弹设计方案的正确性和可行性，核武器研究院特意安排了一次含热核材料的加强性原子弹试验，仍由唐孝威担纲实时测试。九院其他组的同事们在研究诊断热核反应的"内活化指示剂"新方法中，第一次测出了高能中子的总数，提供了热核材料聚变当量的数据，同时也对利用气体样品进行剩氚（chuān）的测量做了探索。

实践证明，这次热核反应的过程和理论基本一致，为于敏等理论核物理专家提供了有力的数据,也加深了大家对于核聚变规律的认识。

1966年12月28日进行的氢弹原理实验,是一次非常关键的重大实验。唐孝威日思夜想:用哪些数据来检验氢弹原理的正确与否?用什么仪器和方法来测量这些数据?如何保证这些数据准确可靠?如何保证实验一次成功后进入正式的试验?

这天,一朵奇特的蘑菇云在罗布泊基地升起的瞬间,唐孝威看到仪器上显示的极其清晰的特征性,马上就判断我国氢弹试验已获得圆满成功,负责氢弹设计的于敏那颗一直悬在半空的心也总算回到了原处。

这次试验结果表明,新的理论方案切实可行,先进简便。于是,中央专委决定:集中力量按照这一方案进行设计和研制,力争尽快直接进行全当量的氢弹试验。

1967年6月17日,一团橘黄色巨大的蘑菇烟云再次在罗布泊上空升起,中国第一颗氢弹爆炸试验终于成功了!

事后在采访唐孝威时,他说:"'两弹'成功的秘诀,是我们运用了空气动力学。"

这是个物理名词,它在"两弹"试验中可从来没有出现过。怎么回事?

这时,唐孝威才不无幽默地笑着回答了大家的疑问:当时大家心里都憋着一口气,别人越是卡我们、封

中国第一颗氢弹爆炸成功

锁我们,我们就偏偏要憋一口气,并以这口"气"作为动力,非要把我们的"两弹"搞出来不可!

1994年,中国核弹先驱王淦昌院士在他写的《关于"596"工程的回忆》一文中,曾两次提到了唐孝威。

三、在发现胶子的科学实验中做出重要贡献

1. 打响了复出的第一炮

1973年12月,历经了重重政治考验的唐孝威回到北京,满怀热情地前往高能物理研究所报到,成为火花计数器的创始人、μ子原子等的发现人、研究多丝型粒子探测器的先驱者、研究所所长张文裕的助手。

当时，我国第一颗地球卫星上天后，正准备发射只有美、苏才能发射的返回式卫星。唐孝威到任后接受的第一项重要任务便是：根据航天部门的需要，在返回式卫星中安装探测空间辐射的仪器。

由于宇宙中有太阳辐射粒子流和高能宇宙线等空间辐射对卫星的不断轰击，当时又不知道这种辐射的剂量有多大，因此在设计制造卫星时，只能对卫星星体及卫星装载物的特殊金属屏蔽层尽可能地加厚。但这样不仅会增加卫星的造价，也将减少卫星的容积。

在没有任何资料可供借鉴的情况下，唐孝威与同事们一起，提出用"核乳胶"作为记录空间辐射的探测器，把它们装在卫星舱内的不同部位，以进行卫星舱内空间辐射剂量的记录和观测。

核乳胶按计划带上天了。卫星回收后，唐孝威对探测到的空间辐射的剂量数据进行了处理、测量、分析，结果表明：空间辐射的影响并不如预料那么严重，因而对卫星所载物体的保护层完全可以减薄。

这一研究成果，为我国后来的卫星设计和发射提供了重要的数据。唐孝威复出的第一炮就此取得了非常可喜的成绩！

2. 面对一秒钟运转几百万次的大型计算机

1978年1月，根据邓小平和著名美籍华裔实验物理学家、诺贝尔奖获得者丁肇中教授达成的派遣中国科技人员参加西方国家大规模国际合作实验的协议，唐孝威带领10位科学家组成的中国科学实验小组远涉重洋，第一次前往联邦德国汉堡电子同步加速器研究中心，来到了丁肇中教授的实验室，参加由他领导的马克-杰实验小组工作。

这是新中国改革开放后派出进行国际合作实验的第一个科学实验小组，该小组的工作是在时任中国科学院院长方毅亲自主持下进行的。

丁肇中实验室里的那台每秒钟运转几百万次的大型计算机是大家都没见过的。一切都得从头学起。唐孝威用熟练的英语，带领同事们主动找外国同事交谈，又将对方的谈话录了音，拿回宿舍一遍遍地听。在那合作实验的10个月中，大家每天紧张工作十几个小时，没有休息日，甚至连午休也没有。可是一看到身体瘦弱还患有脊柱炎的唐孝威和大家一样夜以继日地工作时，实验小组全体成员的精神更加饱满了，纷纷把探索基本粒子奥秘的硬仗当作磨炼自己的好机会。

丁肇中也亲临现场，和大家一起工作，与唐孝威互相切磋，想了许多办法。开始，丁肇中把中外科学家编在一起工作，为中国科学家学习外国科学家的长处创造了条件。经过一段时间后，又把中国科学家抽出来单独分配任务，从实干中培养他们独立工作的能力。

使用那台大型计算机，对中国科学家来说还是头一次。为它设计一个程序，涉及几千个符号。如果有一个符号出一丁点差错，整个程序就不能通过。时年47岁的唐孝威一心想尽快地掌握设计方法，连走路、吃饭都在思考与琢磨。夜深了，紧张工作了一天的外国同事们早已进入梦乡，然而在计算机旁的中国组的同事们还在一遍一遍地演算、练习着……短短几个月内，单是他们用过的图纸就有几万张之多。

刻苦的磨炼，使年轻的中国科学家从事高能物理研究的实验本领迅速提高。唐孝威首先发现已经设计好的大型探测器中的一个核心部分——电磁量能器的设计有缺陷，建议重新修改设计。电磁量能器是用来测量电子和光子能量的，它的能量分辨要求尽量高。

当丁肇中把唐孝威的建议在组里宣布后，引起了很大争论。因为这可能会影响整体进度，何况丁肇中小组已比其他三个小组动手晚了一年的时间。但唐孝威提出的改进意见太重要了，在这场紧张的智力竞赛中，最终谁能取胜，要看谁掌握了更高明的先进仪器。因此，几经讨论，丁肇中决定按照唐孝威提出的新设计方案进行研制。

新设计和研制的电磁量能器，对原有的那台大型探测器进行高水平的物理实验，果然发挥了很大的作用。

经过各国科学家的共同努力，中国实验组不到半

唐孝威著作《粒子物理实验方法》

年时间就追赶了上来，跑到了时间的前头：1978年10月24日凌晨6时，比预定时间提前两个小时，完成了这台大型探测器装置的安装调试任务，成为佩特拉正负电子对撞机上四个实验区中第一批进入实验的两个小组之一。

3. 从十亿分之四秒中捕捉粒子

在唐孝威以身作则的带领下，中国实验组全体成员凭着顽强毅力和献身科学的精神，和来自二十几个国家、地区的杰出人才聚集在一起，围绕着一台庞然大物，分成四个小组，各显才能，提出并成功进行了粒子、中子、质子等一个又一个具体物质项目。

其中值得大书一笔的是胶子的发现。

什么是胶子？

这得从20世纪60年代之后轰击核子的实验中说起。

当时，物理学家改用中微子代替电子作为"炮弹"。中微子是一种奇特的点状粒子，它们既没有电荷，也没有磁矩；既没有强相互作用，也没有电磁相互作用，只参与弱相互作用。但它们的数量众多，在粒子世界和宇宙发展中扮演着重要的角色。实验结果，发现了一个没有预料到的现象：核子的一半动量，竟然在反应中"失踪"了。有经验的理论物理学家们指出："小偷"是隐藏在强子里面的一种新物质，它很可能就是使夸克"胶合"在一起、造成夸克"禁闭"的东西。科学家称之为"胶子"。

从此，胶子的字眼就经常出现在文献里了。科学家们对胶子的性质做了种种猜测，还建立了一套描写胶子和夸克作用的理论，叫量子色动力学。但是，胶子是否真的存在？它的脾气是否真的如此古怪？很多年过去了，却还一直没能揭开这个谜。

但大家并没有灰心，因为无论胶子多么狡猾，它们既然偷走了那么多的动量，必定会在其他地方留下蛛丝马迹。

1978年，在日本东京召开的国际高能物理会议上，有几位物理学家终于报告说,他们分析了中微子、电子与核子相互作用的实验数据,并经过周密的计算,证实了理论上预言过的胶子对夸克的作用。

这件事,对于正在探索基本粒子结构的科学家来说,真是莫大的鼓舞。

但怎样才能进一步证实胶子的存在呢?

几年前,在高能电子-正电子碰撞中,曾发现新产生的粒子集中成两股细细的喷流射出来,这些被称为双喷注的粒子是由正、反两个夸克演变出来的。如果强子中除了夸克外,确实还有胶子存在的话,应该还可以看到由胶子形成的第三股喷注。

然而,对于实验物理学家来说,这是一个非常困难的问题,因为三喷注现象很稀少,而要分辨它更是不容易。

在实验室的条件下,验证光与物质相互作用的基本理论,观察新粒子的内部构造,测量它们相互之间的作用力,这种实验几乎无密可保。从一开始,全世界的粒子物理学家就把眼睛盯着汉堡西郊的这块宝地,看哪个小组能第一个公布可靠的实验结果。科学是不分国界、不分种族的。胶子这个微观世界的神秘东西,吸引了世界上许多优秀的实验物理学家,谁都想抢先捕捉到它。科学界一向认为:第一个发现者才算得上是发现,第二个发现者只能算是证实了人家的发现。

当丁肇中和唐孝威等一开始就把注意力放在探测器和测量的方法上时，距佩特拉启动的时间只剩下10个月的时间了，实验室里的气氛紧张极了。对于刚刚参加合作实验的中国物理学家来说，这是一次极好的磨炼机会。在强烈的事业心和责任感的驱动下，唐孝威和他的同事们以每周满负荷的工作玩命似的投入实验中。

为了时刻掌握仪器的工作情况，他们用了六台闭路彩色电视，从上下、左右、前后等不同角度监视马克-杰小组，一旦出现异常情况，控制室便可立即采取紧急措施。在他们精心设计的这套装置里，粒子流通过时所发生的现象只经历十亿分之四秒，因此在这样短的时间内发生的每一件事都必须加以筛选、记录和解释。尽管这套装置很笨重，但运转非常灵活，准确度达到百分之百。这确实是技术史上的一个奇迹。

1979年6月，信号终于出现了，当加速器输出来的正、负电子的能量在274亿~316亿电子伏特的范围内时，中国的物理学家们找到了446个强子事例，实验显示出了第三股喷注的现象！

经过几周的日夜观察、分析，已经有比较多的证据证明，这第三股喷注可以解释为是由胶子引起的，也就是说：强子中果真有胶子！

全体成员欣喜若狂，这是唐孝威和青年物理学家们在国际科学实验中又一次尝到收获的滋味。他们彻夜不眠地核对数据，反复推敲、修改，写出了实验报告。

在美国伊利诺伊州巴塔维亚的费米国家实验室举行的一次讨论会上，马克-杰小组正式宣布："我们看到一种有趣的三喷注现象，它们可解释为正、反两个夸克和一个胶子形成的强子产物。"

马克-杰小组还标出了强子能流的分布图，直观地绘出了三喷注的图像。

紧接着，联邦德国汉堡电子同步加速器研究中心主任朔佩尔教授、美国学者纽曼，几乎同时发表了中国物理学家们的这次重大发现，宣布人们首次观察到10年来一直在寻找的胶子踪迹！

1979年9月5日，中国各大报刊也都以头版头条新闻的显要位置，全文刊登了新华通讯社发布的重要消息。新闻开宗明义：

> 引起全世界科学技术界极大兴趣的新粒子——胶子的发现，是由著名美籍物理学家丁肇中教授领导的高能物理实验小组，最近在西德汉堡的一台高能加速器上找到实验证据的。中国科学院高能物理研究所唐孝威等二十多位科学工作者也参加了这项实验研究工作。我国科学工作者收到了丁肇中

小组发表的一篇论文，这篇论文公布了这种胶子存在的实验数据……

事隔十几年后的1995年10月，丁肇中在接受《中国科学报》记者专访时，又一次提到了中国同事在发现胶子的科学实验中所做出的重要贡献："我对中国科学家小组的许多很好印象，是从唐孝威教授身上开始的……当年唐教授先后领导的一批又一批中国同事，现在大多数已成为中国实验高级物理方面的骨干力量了。其中唐教授领导的、参加马克-杰组工作的第一批10位，现在全都是教授，他们中间有院士、所长、室主任。"

胶子的发现和多项高能物理研究成果，是马克-杰小组的集体贡献，其中唐孝威领导的中国组起了重要作用。唐孝威在合作实验组里的出色工作，博得了美国、德国、荷兰等国科学家的一致赞赏。

当时，几个西方国家许以最好的研究条件和生活待遇，邀请他去工作，都被唐孝威婉言谢绝：科学是没有国界的，但科学家是有祖国的。联邦德国汉堡电子同步加速器中心主任朔佩尔曾多次热情留他长期在这个中心工作，唐孝威坦诚地回答说："我是属于中国的，我的事业在中国，我要为我的祖国科学技术发展竭尽自己的绵力。"

4. 研制成功860个高质量的强子量能器正比室

1979年底,唐孝威从联邦德国回国后,立即着手筹建了高能物理研究所的物理室,并在短时间内领导全室开展了物理设计、探测器研究、数据处理等多项科研工作,写出多篇科学论文,完成了多项科研任务,还为培训人员做了大量的工作。

他指导研究生们进行非加速器粒子物理实验、原子核物理实验、原子物理实验、量子力学实验、团簇物理实验、等离子体物理实验和粒子与固体相互作用的物理实验,还积极筹划在国内做地下深洞的质子衰变实验。

他还慧眼识珠,与日本东京大学物理学家小柴昌俊教授多次通信联系,商讨了合作实验的方案,建议中日两国合作,为共同建造大型水切伦科夫探测装置而进行的实验做了大量的工作。

1980年,唐孝威作为杰出的中青年科学家,当选中国科学院数理学部委员(院士)。

1983年初,唐孝威与丁肇中在"L3国际合作实验"中再次合作,他在亲手筹建的十四研究室的基础上,主要承担了由丁肇中领导的L3实验组的科技合作任务,在丁肇中赠送的一台计算机的基础上逐步建立起进行计算机模拟计算和实验数据分析的软件环境,使研究室在国内首次建立起计算机通信网络,与欧洲核子研究中心实现了联网，并最终建成了一个拥有高科技装备的现代化研究室。

唐孝威领导的北京组参加了 L3 探测器中一个重要组成部分——铀强子量能器的设计和研制，以及其中正比室的设计和制造。经过两年苦战，他们硬是在极其困难的条件下，成功研制出 860 个高质量的强子量能器正比室，源源不断地运往瑞士日内瓦，安装在 L3 大型探测器上正常运行，受到欧洲核子研究中心各国科学家的一致好评，为祖国在高能物理实验的硬件制作上争得了国际一席之地。

5. 为证实自然界只存在三种中微子再做贡献

1989 年 7 月，莱泼正负电子对撞机成功地实现了正负电子对撞，并产生了许多粒子。各国科学家开始用世界上能量最高的正负电子进行物理实验，通过正负电子对撞发生的反应来研究物质结构更深层次的奥秘。

从那以后，唐孝威领导北京组的同事们，和 L3 组的外国同事们一起，经过连续十多年的紧张工作，取得累累硕果。

L3 组精确验证了粒子物理标准模型的准确性，验证了电弱统一理论，检验了量子色动力学的准确性。特别是他们利用已选出的 12465 个强子事例，精确测量了中间矢量玻色子的质量和宽度，为电弱统一理论提供了决定性的实验证据,成为粒子物理发展史上的又一重要的里程碑。

四、探索宇宙之谜

1. 萌动了太空磁谱仪创意

在浩瀚的宇宙中,地球只是一个微不足道的天体。自古以来,人类就一直在努力探索宇宙的本源。

宇宙是由物质组成的,而物质又是由微观粒子组成的。质子和中子构成原子核。带正电的原子核和带负电的电子构成原子,原子构成分子,分子或原子组成了宇宙中的各种物质。

自然界中除了电子、质子、中子等粒子外,还有反电子、反质子、反中子等,这种反粒子与正常粒子在许多方面性质完全一样,可是它们却像水火一样互不相容;粒子与反粒子一碰上,顷刻之间便化为一团火焰消失了,同时释放出巨大的能量和许多次级粒子。正因为如此,在我们这个由正常粒子组成的地球周围,几乎找不到反粒子。所以有关反粒子、反物质的情况,有许多还是未解之谜。

那么能用加速器来制造反物质吗?

这就好比在一块巨大的烧红的铁板上用冰雪来堆房子一样,放上去便融化了。

然而，从狄拉克提出反物质假说以来，这项难度极大的科学实验不断取得进展，而且人们已经发现了许多反粒子。

自从1932年美国的安德森在实验中发现正电子后，1955年，科学家在实验中又发现了反质子。1996年初与年底，欧洲核子研究中心与美国费米实验室的科学家分别利用氙原子和反质子碰撞，成功研制出九个和七个反氢原子。尽管这种在实验室条件下产生的反氢原子寿命很短，只有四百亿分之一秒，却引起了关心科学的公众的极大兴趣。

其实，最早和正电子打交道的是中国科学家赵忠尧教授。唐孝威说："赵忠尧是研究反物质的先驱。"

1930年，获得博士学位的赵忠尧在德国哈罗大学物理研究所工作时，于9月发现和"异常吸收"同时存在的还有"额外散辐射"，并写出题为《硬γ射线的散射》的论文，发表在美国《物理评论》杂志上。赵忠尧的导师、曾担任美国物理学会主席多年的密立根教授在其出版的专著中多处引

唐孝威在工作中

用了赵忠尧论文中的实验结果。赵忠尧的研究成果,在国际物理界是有定论的。

遗憾的是,他论文的真正价值竟被埋没了近60年,直到1989年,才由曾是赵忠尧学生的诺贝尔奖获得者杨振宁教授等在《国际现代物理》杂志上恢复了历史的真面目。

1979年4月,唐孝威陪同时年78岁高龄的赵忠尧教授一起参加了在汉堡举行的世界最大的正负电子对撞机佩特拉的落成典礼。

赵忠尧作为代表,在庆典宴会上发表即席演讲;丁肇中怀着激动的心情在会议上介绍了赵忠尧的功绩。

1996年初夏,唐孝威在接受《科技日报》记者的访谈时,应此话题展开了他对探索宇宙反物质和暗物质的科学意义的看法。他通俗地解释了反粒子和粒子之间的关系与性质,以及用磁谱仪来测量暗物质的原理,并披露了他参与丁肇中主持的"反物质磁谱仪"国际合作项目的意义。

这时人们才知道,原来早在1993年底,丁肇中和唐孝威就曾反复交换意见,开始设想研制一种能对宇宙带电粒子进行直接观测的太空磁谱仪。丁肇中邀请唐孝威以及美国、西欧和俄罗斯的科学家们合作进行在宇宙空间中用磁谱仪探测反物质的大型实验,组成了一个国际合作研究组,称为AMS研究组,即阿尔法磁谱仪国际合作实验组。

这是在国际空间站上进行的一项重大科学实验项目,目标是寻找宇宙中的反物质和暗物质,探索天体物理、粒子物理和宇宙论的重大疑难问题。

2. 举世瞩目的AMS实验就此开始

1994年3月,丁肇中在唐孝威的陪同下前往中关村考察时,发现该所根据他们多年来在研究核磁共振仪器永磁体方面取得的丰富经验,提出了一个用钕铁硼稀土永磁材料制造太空实验所需的永磁体独特设计方案。丁肇中非常高兴,多年来太空磁谱仪的难题终于找到了理想的解决方案。

不久,丁肇中就向美国能源部提出了进行AMS实验的方案,他在方案中写道:"中国永磁体技术近期的发展,使AMS实验成为可能。"于是,举世瞩目的AMS实验就此开始。

可以说,正是因为有了中国科学院独具匠心制造的永磁体,才使制造太空磁谱仪的梦想成为现实。

经过激烈的投标及国际技术协调,中国在1995年6月的招标大会上一举中标,被选定为阿尔法磁谱仪永磁体主结构的设计、生产及相应的环境模拟试验的研制国。

1998年1月,中国制造的AMS磁谱仪永磁体主结构被运抵美国佛罗里达州肯尼迪航天中心，与美国"发现号"航天飞机顺利进行接口联调。

当然，为了保证AMS能够可靠地采集、传送和分析数据，AMS还设计开发了一整套复杂的电子学、软件、地面支持系统，这一系统是AMS的生命线，担负着监测和控制探测器各部分的运行状态，从各个探测器采集数据，并将数据传回地面的任务。AMS的电子学系统用来对探测器进行监视控制、数据采集和传输。地面控制中心对通过卫星传送的数据进行分析处理，并对AMS进行操纵，与宇航控制中心保持联系。

我们有理由相信，探测宇宙中的反物质、寻找暗物质这AMS的两大目标，有望解开宇宙中暗物质存在与否之谜；我们还毫不怀疑，如果宇宙中确有反物质和暗物质存在，人类迟早会一睹它们的风采。

因为科学家绝不会停止对宇宙奥秘的探索！

3. 把大型磁谱仪送入太空

1998年美国东部时间6月2日18时6分，重达3.5吨的宇宙探测器阿尔法磁谱仪搭载美国"发现号"航天飞机，随着一声轰鸣，从美国的佛罗里达州肯尼迪航天中心徐徐升入太空，从而揭开了人类第一次把大型磁谱仪送入太空探寻宇宙之谜的序幕。而这个用来寻找太空中反物质和暗物质的粒子探测装置AMS的核心部件永磁体，就是中国制造的！

发射当天，中国《科技日报》以整版篇幅发表长篇通讯，标题是《肩负人类使命，探寻宇宙奥秘——访中国科学院院士、阿尔法磁谱仪研究组成员唐孝威》，还配发了多幅阿尔法磁谱仪装配的实景照片，向广大读者介绍现代物理学最前沿领域的科技知识与动态。

唐孝威在回答记者提问时，通俗地讲解了阿尔法磁谱仪的科学目标和中国科学家的贡献，他说，中国各单位承担了研制阿尔法磁谱仪中最为关键的永磁体和整个探测器的机械结构的设计和制造，以及环境实验、反符合计数器，等等。这项国际合作推动了我国的基础科学研究和多项高科技的发展，促进了我国空间科学技术的国际合作。唐孝威的话，充分展示了中国科学家的信心和风采。

阿尔法磁谱仪的成功升空激发了人们对宇宙探秘的热情。作为人类送入太空的第一台大型磁谱仪，它在10天飞行中所获得的反质子融合数，比高空气球实验获得的反质子事例数的总和还要高出许多倍。

有记者问丁肇中："您认为中国的科技水平现在达到了什么程度？与世界发达国家有何差距？"

丁肇中回答说："中国其他科学技术领域的现状，我不能说很了解。但起码有一点，我认为中国在高能物理方面的成就与贡献是世界一流的，中国高能物理研究无论理论还是实验,其水平在世界上也是先进的。"

然而,就在唐孝威在物理学领域取得了令世界瞩目的成就时,他突然改弦易辙,研究起了人类的大脑科学。

1997年5月,唐孝威忽然出现在北京香山召开的以"跨世纪脑科学"为主题的香山科学讨论会的主席台上。在他和陈宜张担任执行主席的这次会议上,几十位不同领域的科学家从不同角度探讨了跨世纪脑科学问题。

这一幕,几乎令所有熟悉唐孝威的人大惑不解,有的甚至感到十分震惊。

五、跨入人类大脑科学的领域

1. "蓄谋已久"的学科交叉研究

作为一位几十年如一日从事国防科学技术和物理科学研究的科学家,突然改弦易辙,跨入面向21世纪的前沿学科——人脑科学研究领域,进行学科交叉研究,他的行动引起了科学家们的极大兴趣。

于是,《中国科学报》的记者对他进行了独家采访。

记:您为什么要进行学科交叉的研究?

唐:自然科学需要研究简单性,也需要研究复杂性。简单性和复杂性都是科学家感兴趣的问题。原子核物理和粒子物理研究物质的简单方面,比如原子核物理要研究原子核，粒子物理要研究夸克和轻子，追求最简单的结构。而生物学、医学则着重研究复杂性，比如细胞就是一个很复杂的体系。脑是自然界最复杂的物质，是人类必须研究的问题。本来简单性与复杂性就是要结合起来研究的。

记：您已经在您所从事的许多领域做出了令人瞩目的成绩，为什么还要进入脑科学领域呢？

要回答记者的这个提问，唐孝威知道得从20世纪80年代那个金秋的一天说起。

那天，老一辈生物学家贝时璋院士在北京中关村遇到唐孝威，语重心长地对他说："你在物理学领域做了很多工作，这很好。我认为，你仍有很多潜力可以发挥。你探索了无生命的科学领域后，应该充分利用自己的知识，再去探索另一个有生命的科学领域，即生物学领域。这样，你探索的就是整个自然界了。"

贝老是中国科学院的资深院士，从20世纪20年代起一直从事实验生物学的研究。他的这一席话，使刚当选中国科学院院士的唐孝威大受启发。

他当即思索起来：大自然的奥秘常常要比人们想象的丰富得多，奇异得多。半个世纪来，生命科学飞速发展，生命科学与生物技术在世人面前已展示出生机勃勃的前景。社会普遍认同生命科学将成为21世纪的科学研究主旋律，人们期望它能给人类带来更多的实惠。

的确,要实现这美好的设想,还有许许多多艰巨的工作要做。

他越想思路越清晰:生命机体是个复杂的体系,生命现象是开放型的,生物进化是漫长的演化过程。生命科学的问题越来越需要多学科的参与。现在学科之间已经有许多沟通的渠道,但还是远远不够的。现代科学技术发展的一个重要特征是:一方面,学科高度分化和专业化不断加深;另一方面,各种不同学科相互交叉、渗透、融合,由此产生了诸多新兴边缘学科。这种学科的不断分化与综合,形成了科学技术迅猛发展的潮流。

正当唐孝威陷入深层思考的时候,一天,他去拜访退休在家的王淦昌院士。恩师向他推荐了一本克里克的自传体著作《狂热的追求》。该书主要叙述作者从20世纪50年代初和合作者一起发现DNA双螺旋结构至60年代中遗传密码破译这一期间的一些科研经历和体会。双螺旋结构的发现,标志着分子生物学的诞生。

《狂热的追求》一书最使唐孝威感兴趣的是,作者在书中以大量篇幅介绍了自己亲历的分子生物学研究领域发生的巨大变革,特别讲述了他是怎样从物理学领域转到生物学领域,以及他在科学研究方面的许多体会。克里克谈到,他对生命科学的兴趣集中在两个领域:一个是生命和非生命之间的界限,一个是脑的活动方式。他认为这两个领域吸引人之处在于它们分别包含了重要的谜——生命之谜与意识之谜。他希望能用科学的方法确切地解开这两个谜。在这本书中还专门有一章谈到神经生物学，其中克里克介绍了他的研究思路：选择研究哪种动物，选择研究脑的哪种问题，以及首先研究哪个方面；对于视觉、睡眠机制、神经网络和意识等，他也分别阐述了自己的看法。

这本书，极大地调动起了唐孝威对生命科学领域的热情。

的确，科学不只属于科学家，科学还属于社会，属于人民。科学的发展给社会带来了进步，给人民带来了福利。科学知识对于普通人来说，可能有时显得很高深、很神秘。20世纪初，卢瑟福实验证实了原子核的存在，哈恩发现核裂变开创了人类利用原子能的新纪元，但广大群众并没有体会到核裂变的威力，直到1945年爆炸了第一颗原子弹，人们才知道它的厉害。现在大家都懂得了核能发电，也知道了核技术应用于医学的核医学、应用于农业的核农学，但与原子物核理和粒子物理相比，生命科学更贴近人民，与人民的生活休戚相关，更易为大众所体会。

唐孝威夜以继日把《狂热的追求》翻译出来后，设法送到中国科学技术大学出版社出版了。

从那时起，唐孝威就做出了在时机成熟时，自己要从物理学领域跨入生物学和医学领域的决定。

但是,面对媒体,他不可能说得那么详细。

2. 生命活动中实际上是分子在发挥作用

唐:面对真理的海洋,这些成绩微不足道。至于我进入核医学和脑科学领域工作,这里有一点偶然性。在20世纪90年代初期,国家科委确定的攀登计划项目"核医学和放射治疗中先进技术的基础研究",要我担任首席科学家。这个项目是把我熟悉的核技术应用于医学,其中包括脑功能成像技术课题。当时对我来说,核医学和脑科学都是新领域,我非常感兴趣。另外,当时我在高能物理研究中可以挤出一些时间,这是我参与核医学和脑科学研究的开始。

记:听说,您不仅在核医学和脑科学方面进行了研究,还涉足生命科学的其他领域,并做出了一些成果。您曾和合作者在实验中观测到细胞骨架的分形性质、活细胞内部微粒的拟布朗运动、花粉管顶端的跳跃式生长等新现象,并且研究细胞有丝分裂的动力学机制。

唐:我要感谢生物学界许多前辈和朋友,由于他们的热情指点,我才做了一点工作。这仅仅是开始。我们知道,在生命活动中实际上是分子在发挥作用。但是怎样来研究单个生物大分子的动态活动,则必须依靠新的物理技术。现在我和同事们提出发展近场技术,研究生物大分子特性。我相信利用新的实验技术,通过我们的研究，在生物学方面可能有新的进展。

记：您进行学科交叉研究的主要体会是什么？

唐：从头学起，努力学习。我接受科研项目时就希望能把它做好，而这需要学习。对我来说这是一个新领域，我用了大量时间从头学习，包括生物学、医学以及有关的新的实验技术。

记：您能通过您的实践来说明进行学科交叉研究的意义吗？

唐：许多学科的发展都能促进生物学和医学的进展，以医学影像技术为例，正电子发射断层成像仪和核磁共振成像仪等医疗设备，都是物理学和计算机科学技术的产物。过去医学诊断偏重定性的、平面的、静态的、结构的分析，现在通过这些新的物理手段，可以实现定量的、立体的、动态的、功能的分析，使医生对病情诊断的正确率大大提高了；反过来，生物学和医学的进展又会推动其他学科的发展，例如通过脑科学的研究，可以帮助我们发展新的计算机技术，这对发展信息科学和信息工程具有重大的意义。

记：您认为学科交叉的研究在中国的情形是怎样的呢？

唐：我认为学科的交叉是远远不够的。一方面大家都认为学科交叉是非常重要的，但另一方面又不知道从何着手。我看，这并不只是在我们国家存在的现象，全世界都有这个问题。这是因为近代科学的发展使专业分工越来越细,而现代科学的发展又要求各个学科交融、交叉、渗透。我们过去培养的人才学科背景比较单一,知识面比较窄,对其他学科知之甚少,这不利于学科交叉,也会影响本学科的发展。

记:您认为应该怎样做呢?

唐:首先要注重培养知识面广博的人才。从小学开始,就要注重对他们进行科学普及教育,对中学生、大学生和研究生,要培养他们广泛的科学兴趣和实验能力。对正在从事科学工作的人来说,除做好本职工作外,一定要关注其他学科的发展。此外,我们还需要多一点类似香山科学会议那样的可以自由讨论的气氛和环境,为各学科的交叉和渗透,为科学上的自由探索提供可能的条件。

3. 开展脑功能成像技术的研究

人们认为21世纪会是脑科学研究进入高潮的时代,也有专家把脑科学比作21世纪生命科学的"王冠"。

唐孝威强调说,脑研究,是一个具有重大科学和哲学意义的战略性科学领域。脑研究主要包括认识脑、保护脑、开发脑和仿造脑四个领域。

唐孝威具体是这样做的——

20世纪90年代,他和中国科学技术大学生物系的张达人教授合作进行了人的工作记忆的实验研究,获得了一些有趣的结果。中国科学技术大学为进一步发挥它在生物学、心理学、计算机科学和信息科学等方面的多学科优势,促进学科间的联合和交叉,更加有效地参与我国跨世纪脑科学研究发展规划的制定与申请项目,经过学校有关部门的多次协商和策划,于1997年10月27日在校务工作会议上批准成立中国科学技术大学脑科学研究中心,并聘请唐孝威院士担任该中心主任。

唐孝威带领许多学生开展脑功能成像技术的研究。同时,为了推动我国脑功能成像的实验研究,他做了大量的组织工作。1999年10月,中国科学技术大学出版社出版了唐孝威主编、14位专家参加撰写的《脑功能成像》一书,全书39万字,内容包括正电子发射断层成像、核磁共振成像、磁共振波谱技术与应用、脑功能内禀光学成像、脑功能成像与脑高级功能研究等。这是一部具有创造性的专门著作,包含许多专家多年实验研究

唐孝威(中)与他的学生

的结果以及对国外最新研究进展的介绍，对于脑科学研究有重要的学术价值。

4. 把眼光投向了人类脑研究计划

唐孝威在参与探索宇宙奥秘的国际合作的同时，逐步把研究转向了生命科学领域和脑科学领域。面对人类脑研究计划兴起产生的机遇，他又把眼光投向了人类脑研究计划。

他知道，当时不为众人所熟知的人类脑研究计划，其实已有近20年的发展历程了。美国早在20世纪80年代初期就在美国国防部的资助下建立了一项研究计划，专门用于资助那些神经科学与信息科学相互结合的研究。人类脑研究计划的核心内容是神经信息学。

人类脑研究计划正在向全球发展。在唐孝威开始跨入脑科学领域的时候，世界上已有英国、澳大利亚、比利时、加拿大、丹麦、法国等20个国家参加了以美国为龙头国家的神经信息学工作组，欧洲委员会也作为正式成员参加。成员国之间利用电子网络寻求研究协作伙伴，进行数据交换和科研协作，共同承担科研任务，共享科研成果。

为此，唐孝威要早日了解和参与人类脑研究计划的心情更加迫切了。

2001年8月，唐孝威收到美国国立卫生研究院神经信息中心主任兼国际神经信息学工作组总负责人的来信，邀请他和解放军总医院及大连理工大学的专家作为中国代表，参加全球"人类脑计划"，参加始建于2000年的经济合作与发展全球科学论坛神经信息学工作组。

同年9月3日至5日，国内40余位神经科学、化学、物理学、数学、信息科学等方面的专家相聚北京香山，参加主题为"人类脑计划与神经信息学"的香山科学会议学术讨论会。唐孝威、吴健屏等担任学术讨论会的执行主席。唐孝威在会上作了总评述报告《人类脑计划与神经信息学》。

香山会议刚结束，就传来了好消息：在唐孝威的推动和中国人民解放军总医院领导的组织下，全国第一个神经信息中心——中国人民解放军总医院神经信息中心正式成立了，这标志着我国人类脑研究计划和神经信息学工作开始启动。该中心聘请唐孝威、李衍达、韩济生、杨雄里四位院士为客座教授。

该中心的主要任务是：建立神经信息工作平台，为开展神经信息学研究提供必要的条件——首先在国内六大城市11个研究单位开通神经信息电子网络，将国内神经科学和信息学的专家联络起来，进行网上信息交流和科研协作，同时与国际神经信息电子网络接轨，引进和推广全球性"人类脑计划"的科研成果；开展神经信息科研工作，申请科研课题，组织全国性脑研究计划；成立神经信息学工作组，代表中国加入全球神经信息学工作组织，参与全球人类脑计划，共享大计划的科研成果，为全国提供神经信息服务。

接着，在唐孝威的推动下，浙江大学也组织成立了神经信息学中心，着重进行非线性神经信息学的研究。唐孝威担任该中心的学术委员会主任。2001年11月在杭州举行了中、日、韩三国神经生物学与神经信息学联合学术讨论会，唐孝威在会上代表我国作了报告《中国的神经信息学研究》。

2001年4月，唐孝威院士应浙江大学之邀，从中国科学院调到浙江大学工作。

六、倾心培养交叉学科人才

1. 教书育人，言传身教

对于唐孝威突然的跨领域转行，众多局外人并不理解。为此，《科学时报》对唐孝威进行了专访。在专访文章开篇，记者加了一段按语：

> 唐孝威先生曾长期在西北国防基地工作，在1980年当选中国科学院院士（当时称学部委员）时，他还不到50岁。近年来，在继续进行

物理学实验研究的同时,他的许多兴趣转移到了生命科学研究和脑科学研究。

为何一个先后在"两弹一星"研究和粒子物理研究两方面做出重要贡献的原子核物理和高能物理学家,却又"冒险"来到他原来并不熟悉的脑科学领域,而且坚持在科学实验的第一线工作呢?带着众多局外人的疑问,记者日前就这一问题采访了唐孝威院士。

在这篇访谈录中,唐孝威回答了记者所有的疑问,包括他为什么要调到浙江大学及调到浙江大学后的情况。

唐孝威说:"我调到浙江大学是为了教书育人。交叉学科研究非常需要一大批富有创新精神又有能力进行多学科交叉研究的年轻人。只有具备了这种条件,交叉学科研究才会有新的局面。我想从大学本科生抓起,招收不同专业的学生,集中起来培养,拓宽他们的知识面,使他们成为兼有几个学科最新知识和科研能力的人,而这件事在大学里比较容易办成。"

"浙江大学是一个多学科的综合性大学。我到学校里教书,成天和学生们在一起,自己也感到年轻了。学校、理学院和物理系的领导很关心我的工作。当然,刚到浙江大学,一切要从零开始,很不容易。但杭州和上海、合肥、南京等地靠得很近,那里许多专家愿意和我合作,我们可以优势互补,联合开展研究工作。在实验方面我提倡共用大型实验设备,不必重复建设实验基地。"

"为了集中精力开展工作,我谢绝了大学安排的行政职务,绝大部分时间都用在实验、科研和教学的第一线。"

"你问我从北京调到杭州工作,原来从事的科研项目会不会中断?我可以告诉你,没有。我在杭州和北京两地工作,原来在北京承担的科研项目,例如阿尔法磁谱仪国际合作,以及国家自然科学基金等重大项目,都在继续进行,不会中断,我指导的研究生也正在北京做有关实验。"

2002年,唐孝威在浙江大学招收了20个学生,其中14个研究生,6个由他担任指导教师的本科生,这些从二十岁刚出头的本科生到二三十岁的博士生中,有学心理学的,有学生物学的,有学计算机的,有学医的,有学农的,有学物理的,不同年龄、不同地域、不同学科的人汇聚在一起。唐孝威十分喜爱浙江大学浓厚的学科交叉的氛围,他说:"我原来以做科研为主,现在以带学生为主。我要求自己的学生首先要学会做人。我要培养的学生是能对国家做出较大贡献的,而不仅仅是一般地完成任务的人……"

唐孝威的施教方式令每个学生深受其益,学生们的学习热情和独立思考能力明显提高。

2. 为人师表,著书立说

著书立说,是因为唐孝威一贯的勤奋与思考,也是他留给他所从事的许多不同的科学领域中不同学科的经验介绍。

50多年来,他与合作者一起在国内外重要学术刊物上发表论文460多篇,还写作或主编了许多科学专著。

1982年,他在人民教育出版社出版了一部77万字的《粒子物理实验方法》专著,填补了国内外当时还没有一本比较完整而系统地介绍粒子物理实验最新发展情况和先进实验方法的空白。

1995年,为了对高能正负电子物理进行全面介绍,唐孝威主编了《正负电子物理》一书,丁肇中在该书序言中对这部专著给予了很高的评价:"唐孝威教授是很有经验、很有成就的物理学家,他亲自参加过正负电子对撞的实验,尤其对1979年胶子的发现作出了重要的贡献。这本书很详细地介绍了正负电子对撞的物理现象。这是给所有对物理有兴趣的科学工作者的一本很好的参考书,也是一本研究生程度的教科书。"

为了向广大青少年普及现代科学技术知识,唐孝威还写作并发表了大量科普文章。例如：天体物理方面的《太阳和恒星的能源》《太阳中微子失踪问题》，高能物理方面的《同步辐射及其发展前景》《从宇宙空间飞来的粒子》《三喷注的发现》《从原子到胶子》，生物医学方面的《脑活动的测量》，探测器方面的《穿越辐射探测器》《张文裕和多丝火花计数器》等。他还写过《正负电子对撞实验》和《同步辐射及其应用》两本书，翻译了《狂热的追求》，与人合著了《探索自然的对话》和《医林奇葩》等书。

在跨入核医学和脑科学领域后，唐孝威出版了《细胞运动原理》和《脑功能原理》两本专著，还主编了《脑功能成像》和《核医学和放射治疗技术》等书。

唐孝威在无生命的核物理学领域潜心探索，屡有建树，还在有生命的生物学领域勇于创新，在核医学和脑科学方面大胆研究，不断涉足生命科学的其他领域，他创造了中国当代学科交叉成功的奇迹，是中国探索整个自然界的一位贡献杰出的科学勇士。

邹世昌：大到原子弹小到芯片，都有他的心血

邹世昌（1931年7月27日— ），祖籍江苏太仓。材料科学家，中国科学院上海微系统与信息技术研究所研究员、博士生导师，离子注入和材料改性两个国际学术会议的国际委员会委员，德国慕尼黑弗朗霍夫学会固体技术研究所客座教授。1991年当选中国科学院院士（学部委员）。

一、少年心头的亡国之痛和被奴隶之恨

1937年8月13日，抗日战争中的第一场大型会战，也是整个中日战争中规模最大、战斗最惨烈的一场战役——淞沪会战（又称八一三战役）在上海打响时，邹世昌刚满6岁。

当时的上海，有几块地方是租界：南京路一带是英租界，淮海路一带是法租界，四川北路虹口一带是日本租界。外围那一圈，才是中国人自己的地盘。

1941年，太平洋战争爆发，那些租界也被日本人占

领了,中国百姓陷入了水深火热之中。小世昌清楚地记得,当时他们全家人吃的米都是碎米或是发霉的米。日本人有个封锁区,要买点粮食必须经过日本人的封锁区,接受日本人的搜查。有个快分娩的中国孕妇经过封锁区的时候,日本人竟用刺刀捅刺她,致使她和腹中的孩子两条鲜活的生命,当场就惨死在侵略者的屠刀下。

亲眼看见了这惨烈一幕的小世昌,从小心中就埋下了刻骨的亡国之痛和被奴隶的仇恨。

小世昌的父亲带着全家从太仓迁居上海时他们家境尚可,但在这灾难深重的日子里,家庭经济也逐渐崩溃,渴望求学的小世昌面临着失学的危险。

当时上海有两份很畅销的报纸,一份是《申报》,一份是《新闻报》,这两份报纸用有钱人捐助的钱,设立了助学金。此外,社会上还有一些资本家设的奖学金。小世昌凭着优异的成绩,靠着各方面的资助,才完成了初中学业。

毕业后,小世昌的爷爷和父亲知道凭当时的家庭经济实力,小世昌无法读大学,所以他们忍痛让世昌放弃了读高中的机会,而让他去上了中华职业学校。

这是一所有着三四十年历史的职业教育学校,开设铁工、木工、珐琅、纽扣四科,并附设四科的工场。后来又根据社会需要,陆续开设了商业、职业师范、文书、机械制图、土木、化工、石油机械等学科。各科设置的课

中华职校校办工厂大门口"使无业者有业,使有业者乐业"的标语

程一般分三类:普通学科、职业基本学科、职业专门学科;初中课程注重基本技能与基本知识,高中课程侧重各学科理论、实习与实验。

在那兵荒马乱的日子里,家人们的希望很简单,只求小世昌将来能有个可以谋生的饭碗。

然而,就是这最基本的愿望,在抗日战争爆发后,也被日寇给粉碎了。

二、恍然大悟:美国扔了两颗原子弹,加速日本投降

日本侵略者征用了这所学校,把所有师生都赶到了市中心的浦东同乡会。抗战后期,美国空军轰炸江南造船厂,日寇又反过来占领了浦东同乡会,再把师生们赶回原校。少年邹世昌清楚地记得,当时他们是每个人搬着一把椅子背着一张桌子,步行回到了原来的校址。

更使师生们提心吊胆的是,就是上课,危险也无时不在:美军B-29轰炸机的炸弹,就扔在了学校旁边的

江南造船厂。同学们要逃出教室躲避,老师急坏了:不能下课,如果现在下课把学生放出去,说不定在路上就被炸死了!学校对家长也就解释不清楚了!要炸死的话,大家一起死!

那悲壮痛苦而又几近绝望的一幕,带给少年邹世昌无法解答的困惑:为什么我们中国人要这样束手待毙地受到外国列强的欺负?为什么我们中国人就这么穷?难道这苦海当真就永远无边吗?

1945年8月,美国在广岛和长崎扔了两颗原子弹,加速日本投降。这使困惑中的小世昌恍然大悟,他不但明白了国家经济实力强大与科学技术进步是取得战争主动权的重要因素,更清楚地意识到中国之所以长期遭受侵略和压迫,国力不强与技术落后是关键的原因。

当时,小世昌对抗战胜利抱有很大的希望,觉得抗战胜利了,"天就亮了"。想不到抗战胜利后,国民党接管上海,并没有给老百姓的生活带来多大变化:日本人走了,换来了美国人。美国大兵在上海街道上横行霸道,国民党政府贪污腐败,物价飞涨,中国百姓仍然民不聊生。

于是,小世昌彻底明白了:国家要富强,单有经济实力是不行的,还要有一个能真正为老百姓做事的政府!

三、报效祖国：学纺织不如学冶金工程直接

1949年新中国成立前夕，邹世昌以优异的成绩从职校高中毕业。毕业后，他还想继续求学，去报考大学。可是，家里的经济条件摆在那里，除非他能考上国立大学，否则家中是无力支持他上私立大学的。

那时考大学和现在不一样，可以一所一所地考，一个夏天，可以赶十几场考试，把每所大学都考一次。成绩好的学生，好几个大学都会争着录取，在报上发榜，排在前面的是正取生的名单，后面的是备取生的名单。邹世昌凭着深厚的功力，先后考进了交通大学、同济大学，就连北京大学也考上了。可是父母反复斟酌后，还是叫他去读了中国纺织工学院。

中国纺织工学院是荣家申新集团办的，这个学校给出的条件是免学费、住宿费、膳食费，还给校服穿，毕业后直接进申新纱厂工作。那时念大学，最关键的是毕业后找一份工作，因为以前大学一毕业就失业是常有的事。出于减轻家庭负担和在毕业后找个安稳的工作挑起养家的担子帮助弟弟妹妹们的考虑，邹世昌选择了中国纺织工学院（今东华大学）。

邹世昌进中国纺织工学院后不久，国家开始搞经济建设，建设的重点是重工业。当时邹世昌想为国家建设

出力,觉得学纺织好像不行。于是他放弃了一年学业,再考大学,把目标定在了北方。

一年后,邹世昌前往北京准备考试。一看,唐山交通大学招转学生,可以插班读二年级。于是,他就直接从北京到了唐山,如愿以偿地考上了唐山交通大学(今西南交通大学)冶金工程系。

1952年,邹世昌即将大学毕业的时候,正赶上国家第一个五年计划即将开始,急需人才。所以邹世昌这届学生提前一年毕业分配工作,他被分配到中国科学院上海冶金陶瓷研究所,担任研究实习员。

从此,他的命运就和中国的科学事业紧紧地联系在了一起。

当时长春正在建设第一汽车制造厂,首先要造的汽车是载重五吨的卡车。那时候苏联造汽车用的钢是苏联产的系列钢,后轴用的是含有镍和铬的低合金钢。邹世昌到了研究所后,第一项科研工作就是要制造出用我们国家富有的元素锰、钼取代镍、铬的低合金钢,确保我国的第一个汽车厂能顺利地启动生产。这也可以说是20世纪50年代初建立我国低合金钢系统的开创性工作。

工作一年后,国家要派一批年轻人去苏联学习。当时在北京俄语专修学校学习的邹世昌,被派往莫斯科有色金属学院学习。到了苏联后,他把全部精力放在学习上。苏联的基础教材是挺强的，不少教材如高等数学、理论物理都比较经典。

1958年，邹世昌在苏联莫斯科有色金属学院获副博士学位后，回国进入中国科学院上海冶金研究所（2001年更名为中国科学院上海微系统与信息技术研究所）工作，先后担任助研、副研究员、室主任、大组长、研究员、所长。

四、无惧背信弃义，用心血拿下原子弹的"心脏"

20世纪60年代，我国有一个至关重要的国防任务：要造"两弹一星"（原子弹、氢弹和人造卫星）。

浓缩铀是造原子弹的关键，行话称之为"原子弹的心脏"。

浓缩铀就是从铀矿中提炼出金属铀。

铀有两个主要的天然同位素：铀-238和铀-235。只有铀-235可以产生裂变反应，用于制造原子弹。

但是，在天然铀中，铀-235的含量只有0.7%（7‰），其余99.3%几乎都是铀-238。要造原子弹，就要把浓度为7‰的铀-235浓缩到90%以上，这就叫浓缩铀。

浓缩铀在原子弹制造中起着决定性的作用：原子弹在升到一定高度后，引擎起爆，使两块浓缩铀碰在一起,超过临界体积,从而产生链式裂变反应。

当时世界上会做高浓缩铀的只有美国、苏联这两个国家。

美国为造原子弹,调动了上千名一流的科学家,聚集在一个名叫橡树岭的地方进行研制。在过去技术并不是很先进的时候,从天然铀中提炼浓缩铀是非常不容易的事,主要采取气体扩散法:先把铀转化为极可能含铀-238的六氟化铀,接着把六氟化铀加热变成气体,然后在这些气体中把铀-235分离出来。

举个例子:六氟化铀就好比是一把中间混了点面粉的沙子,用风使劲一吹,先扬起来的面粉,就是含铀-235的六氟化铀。

分离铀-235和铀-238,用的就是这个原理。

这种分离法的效率比较低,耗能非常大,美国橡树岭的气体扩散厂里压缩机一个接一个,整个工厂有几公里长,机器一刻不停地运作,用的电力相当于一个中等城市的电力消耗。

尽管后来又使用离心机来分离铀-235,效率要高于气体扩散法,但原理还是一样的。

1960年8月,邹世昌正在长春出差,一封紧急电报把他召回了北京。邹世昌在所党委书记、所长的带领下,来到北京原子能研究所。中国的原子弹之父、二机部副部长、原子能研究所所长钱三强亲自接见了他们。

原来，由于中苏关系恶化，苏联背信弃义，不再向中国提供之前他们输送来的那套机器里的分离膜等关键元件，并在撤走专家时扬言：中国绝对做不出被称为"社会主义阵营安全的心脏"的分离膜。

的确，没有分离膜，这套机器等于一堆废铁。

正当中国核工业面临严峻考验时，周恩来总理亲自挂帅抓起了这项用于制造浓缩铀的甲种分离膜项目，抽调副所长吴自良兼任这个研究室的主任，抽调当时已是研究室主任的邹世昌担任该室工艺大组的组长。

当时，钱副部长把邹世昌他们找去后，劈头就说："有人扬言，苏联专家走后，中国的浓缩铀工厂将成为一堆废铜烂铁，因为制造分离铀-235的分离元件技术是绝密的，得不到任何资料。党和国家决定把研制分离膜的任务交给你们去完成。你们是粉末冶金和物理冶金专家，又都是党员，所以请你们来，这任务一定要尽快完成，而且非完成不可。不能让我们的浓缩铀工厂因为没有分离膜而真的瘫痪了，更不能让我们的原子弹因没有浓缩铀而造不出来！"

回到上海不久，邹世昌被任命为中国科学院上海冶金研究所研究员（后任所长）、工艺组负责人，他立即组织人力攻克我国第一颗原子弹的"心脏"，开展真空阀门甲种分离膜的加工、成形研制工作。

邹世昌后来回忆说："这项工作的技术要求非常高，

保密要求非常严格。整个实验大楼第四层的一半都被封闭起来，大家白天晚上加班加点地工作。即便是身边的家人，也只知道我们是为国家的重点保密项目工作，并不知道具体在做什么。这项工作没有什么资料可供参考，全靠大家一起摸索。"

事实确也如此：从1961年夏到1965年的四年研制过程中，面对任务紧急、资料匮乏、国外封锁等一系列困难，邹世昌和他的同事们几乎是白天晚上连轴转，"每天工作超过10个小时，逢年过节也不休息"。从粉末成型、压力加工、热处理、焊接、物理性能测量等环节，到边研制、边中试、边投入批量生产，攻克了一个又一个难关，解决了一道又一道难题，他们怀着为国家争一口气的决心，以一种献身精神奋斗在实验室，终于成功研制出性能完全合格的甲种分离膜，并立即投入了生产，为发展中国的原子能工业做出了重要的贡献。

邹世昌是成功研制甲种分离膜的第二发明人。

从20世纪70年代起，邹世昌在离子束材料改性、合成、加工和分析等方面进行了系统的研究工作，发展了一系列新技术，开拓了许多新的应用领域。他独创了用二氧化碳激光背面辐照获得离子注入损伤的增强退火效应，用全离子注入技术研制出我国第一块120门砷化镓门阵列电路；用反应离子束加工成我国第一批闪光全息光栅；研究SOI材料并制成CMOS/SOI电路，达到了国际先进水平；发展了离子束增强沉积技术并合成了氮化硅、氮化钛薄膜。

1984年，他的研发项目荣获国家发明奖一等奖。

五、泱泱大国，一个小小芯片竟还不如马来西亚

20世纪70年代后，邹世昌进入了另外一个科研项目领域——半导体材料研究。

半导体材料和集成电路的发展息息相关。因为集成电路功能的主要硬件(基本单元)就是晶体管。反之，把晶体管集成起来，就是集成电路。

集成电路发展到今天，已成为我们每个人日常生活中都会用到的物品，如身份证、交通卡，乃至一张什么会的门票。它们有一个共用的名字——芯片。

这样，就形成了一个逻辑：半导体材料—集成电路—芯片。

我国的半导体材料研究早在1965年就开始了，基本上是与日本同步的。那时，韩国、新加坡和中国的台湾地区还什么都没有研究出来，而中国的第一块集成电路就由邹世昌任研究员兼所长的上海冶金研究所和上海元件五厂合作制造出来了。

从20世纪70年代起，邹世昌开展离子束材料改性、合成、加工与分析的研究工作，研究了离子束与固体相

互作用的物理过程,发展了一系列新技术,创建了离子束开放实验室。

邹世昌从20世纪70年代初起就从事半导体材料与器件的研究,但由于种种原因,直到90年代中期中国仍未建立起规模生产的半导体集成电路产业,比起步晚的国家和地区还落后了一大截。

1995年,邹世昌去新加坡考察,发现他们的半导体产业比我们国家要强得多。

对于新加坡的情况,他是有思想准备的。但回来的时候路过马来西亚,见到该国的半导体产业居然也比我们国家先进,当晚,他失眠了。

整整一个晚上,他翻来覆去地纠结着——我们中国人这么聪明刻苦,半导体研究开始得这么早,竟然还不如马来西亚!马来西亚的人口约有30%是华人,高新技术主要靠那些华人研发,我们却搞不过他们,这叫我们在祖国和人民面前,怎么交代去?

1997年,66岁的邹世昌怀着郁闷的心情,从岗位上退下来了。恭候他已久的一家国外微电子企业立即甩出丰厚高薪,向他发出邀请。犹豫中,正好国家"909工程"要在上海建设8英寸的集成电路生产线。

领导找到邹世昌的家门上来了:"你身体还可以,能不能帮市里再到浦东做点事情?"

"'掺沙子'吗?"

领导用力地点点头。

邹世昌的眼睛顷刻亮了起来。

搞了几十年的半导体材料，却没有看到自己祖国的集成电路作为一个规模产业被建立起来，邹世昌为此纠结、郁闷了多年，现在国家需要他，请他这位最早开展半导体材料研究的元老之一再出山，为祖国的微电子事业做贡献，他的视线模糊了。尽管留在国内继续工作的经济报酬，与国外那家微电子企业老板开出的价码不可同日而语，只是他们的一个零头，但邹世昌认为祖国再穷也是我们自己的"母亲"，改变她的落后面貌，正是他一辈子的追求与义不容辞的天职。所以，他二话没说就接受了领导的请求，毅然放弃了国外优厚的物质待遇和工作条件，满怀热忱地重新披挂上阵。

集成电路的研究和制造水平，综合反映了一个国家的科技和经济实力。如果没有掌握这种技术，说明我们还没有掌握信息产业的核心技术。这就涉及一个比较关键的问题：我们要自己来设计国内要用的集成电路，根据系统的要求，根据它的功能，经过数字模拟，变成线路和版图，最后加工成为芯片。

那么，这个电子系统的核心是什么呢？

就是两个东西：一个硬件，即集成电路；一个软件，即电子系统的心脏。

当时中国80%的集成电路靠进口，媒体说我国是电子制造大国,其实这制造大国四字是要带引号的。实际上,我国当时只是个电子组装大国。我们所使用的大大小小的电子产品,其中的关键部分都是从国外进口的。我们做的只是把

工作中的邹世昌

国外的组件组合装配,再往产品上贴一个牌子就完事了。

这种状态是很危险的!

要真正成为制造大国,核心组件必须由我们中国人自己造。所以必须把中国集成电路产业搞上去!

要把集成电路产业搞上去,落实到具体的行动中,就是邹世昌和领导之间所说的行话"掺沙子"。

六、中国闯进芯片世界的重要领军人

这里就需要用通俗的文字普及一下半导体的特性了。

我们常见的材料有两种,一种是导体,像铜、铁,电流会从中通过。这个好理解,因为有的电线里面用的就

是可以导电的铜丝。还有一种常见的材料是绝缘体，它不导电，比如皮革、木头，这些是不导电的。电线外面包着的一层塑料皮，就是绝缘体，手摸上去，不会触电。

那什么是半导体呢？顾名思义，半导体就是有时候导电，有时候不导电的一种材料，非常有个性。是由锗、硅、砷化镓及一些硫化物、氧化物等物质构成的材料。

纯净的半导体导电能力并不强，但是随着外部条件如温度、光照或掺杂物等的改变，半导体的导电能力就会发生变化。比如受到热、光作用时，具有热敏性或光敏性的半导体导电能力会明显加强。而往纯净的半导体中掺入某种杂质，也会使它的导电能力发生改变，这是半导体掺杂，也就是当时邹世昌和领导所说的行话"掺沙子"。

把半导体材料通过一定的工艺过程做成的晶体管，是半导体集成电路的主要功能单元 PN 结。

什么是 PN 结呢？

最常用的半导体材料是硅，它是四价元素，也就是说，它的原子核最外层有四个电子。

经过提纯的单晶硅材料，内部的晶体结构相对稳定，相邻的原子之间，它们最外层的一个价电子会组成电子对，这一对价电子是这两个相邻原子共有的，它们把相邻原子结合在一起，构成了共价键。

这种硅原子内部的共价键结构相对稳定，这时的电子就好比关在笼子里的小鸟,跑不出去。电子老老实实地待着,受到物质结构的束缚,这是束缚电子。

但有的电子太调皮了,不肯老老实实地待着,笼子也关不住它,它会跑出来,成为自由电子。而它原来待的地方就空了出来,成了一个空穴。跑出来多少电子,就留下多少空穴,空穴和自由电子的数量是相等的。

通常情况下,电子也好,空穴也好,它们都是好好待着的。但如果这个时候我们给半导体一些外部的影响,比如给它加温,温度高了一点,那么空穴可能就会吸引到邻近的电子来填补,在这个过程中,电子流动起来,于是就有了电流。

为了让这种电流更稳定、更可控,可以人为地做一些改变。研究人员在这种半导体中掺入杂质,通过让自由电子浓度增加的方式,使它的导电性发生显著变化,这叫作 N 型半导体。比如,加入一个五价元素原子,如磷,它就比硅原子要多出一个电子了,行话上叫作"施主"。

也可以掺入杂质,让空穴浓度大大增加,这叫 P 型半导体。比如把三价元素硼原子掺进去,等于从硅原子上拿去一个电子,它的行话叫"受主"。

把上述两种不同掺杂的半导体放在一起,就成了PN 结。在 PN 结上加上引线、管壳并进行封装,就可以制成各种晶体管。

半导体的最大特色是它的导电性可以人为控制,所以做出来的晶体管就是利用了半导体的这个特性,通过改变外部条件,从而使晶体管开启或关闭。

研究员用半导体材料如硅、砷化镓等来制作晶体管PN结,通过半导体制造工艺,把这些不同功能的大量的晶体管(可能上亿个)做成具有各种功能的电路,执行各种指令,这就是集成电路。

随着现代技术的高速发展,制作工艺越来越精良,晶体管的形式也越来越多,最终形成的芯片产品也是五花八门,并且越来越精密。

这就是我们今天各行各业都在使用、都离不开的芯片!

邹世昌当时要研究的一个主要方向,就是怎么把杂质掺到半导体里,这是半导体最核心的技术之一。

邹世昌率领他的同事们开展了离子束材料改性与离子束分析的研究工作,他在中国最早将离子注入应用于半导体集成电路,开创了离子背散射沟道技术,并应用于半导体材料及器件。从研究离子注入硅单晶的激光退火行为,到离子注入多晶硅的激光再结晶,直至研制成高性能CMOS器件,几乎倾注了他晚年所有的心血与智慧。

20世纪80年代到90年代,面对中国年轻科技人员严重流失的现状,邹世昌还培养了三十多位博士生,使这批风华正茂的年轻人成了他工作中的得力助手与中国芯片世界的中坚力量。

一片具有各种功能的芯片的诞生,从设计到制造、再到封装成型,每一步都不容易。

对于一个芯片来说,电路很复杂,通常不是一个电路就能解决的。有时候要像搭乐高玩具一样,一层一层地布局电路和连线,要经过反复的测试和修改,才能完成一个芯片电路设计。把设计好的电路做出来,实现设计功能,就是芯片制造。

芯片有很多种,制作工艺也很多,其中CMOS工艺是芯片制造最基础、最重要的工艺。CMOS全称是互补式金属氧化物半导体,是制造大规模集成电路芯片用的一种技术,也指用这种技术制造出来的芯片。

简单的芯片只用一层电路,但复杂的芯片可能需要多个二氧化硅层,通过重复光刻等一系列流程来最终形成一个立体的结构。芯片里面不同的层可以通过开启窗口连接起来,最后在一片晶圆上完成很多芯片。

制作芯片还有一个非常重要的环节,叫封装成型。芯片是相当精密的产品,要把好多晶体管做进一个指尖大小的芯片,可以想象那上面的电路有多细。假如生产过程中有一粒灰尘掉在上面,整个线路就完了。所以芯片的封装成型生产车间,执行的是医院的手术室一样的洁净标准。

有时候，晚霞的绚丽，比朝晖还要灿烂。

邹世昌步入晚年后，成了我国闯进芯片世界的重要领军人。

七、一切以芯片世界为主体的梦想，终将变成现实

邹世昌的努力，得到了国家和人民的认可。他先后获得国家发明一等奖和中国科学院自然科学奖、科技进步奖等14项奖励，发表文章200多篇；2003年被评为上海浦东开发建设杰出人才，2008年被国际半导体设备材料协会SEMI授予中国半导体产业开拓奖。

然而，步入耄耋之年的邹世昌，远远没有满足。

怎么把这些集成电路生产线利用起来，解决我国电子工业的核心竞争力问题，成了他每天都在思考的事情。

现在，上海已经形成了从设计、制造到封装、测试的各类集成电路公司构成的产业链，但是还没有把产业链的各个环节连接起来。国内芯片制造线大部分是为国外设计公司代加工芯片，利润大部分给了外国人。国内要用的集成电路80%以上都要从国外进口，我们做的芯片有的到外头转一圈又回来了。

为什么不能把它们连接起来呢？

怎么把它们连接起来呢？

还有，人类设计制造了芯片，能不能反过来让芯片控制人呢？

如今，人们已经在考虑把电子系统做到人体内的可行性，现在有很多可穿戴的设备都在做类似的事情，如计步器、血压器等。那能不能像一些科幻艺术作品中描述的那样，在人的大脑里植入芯片，替代或增加人的思维功能呢？

这也并不是不可能……

邹世昌院士把他殷切期望的目光落在了年轻一代中从事计算机专业、微电子专业、软件专业、通信专业的工程师身上。

他相信不久的将来，一切以芯片世界为主体的梦想，都会变成现实。

黄胜年：
不会"湮没"的"径迹"

黄胜年（1932年2月10日—2009年1月8日），江苏苏州太仓城厢镇人。1955年毕业于苏联列宁格勒大学。中国原子能科学研究院研究员，核工业研究生部主任。1991年当选中国科学院院士（学部委员）。

"……就像剩下还来不及'湮没'掉的一些'径迹'（'湮没'和'径迹'刚巧是核物理学上的两个专门术语，就顺便借用了）。"1998年10月2日，当黄胜年写下这几句话时，脸上露出了欣慰的笑容，以致他憔悴的脸上顿时布满了大中小括号，好像深秋里盛开的一朵鸡爪菊。

这是一位中国科学院院士在因卒中而半身不遂的情况下，硬是用唯一一根灵活的手指，在计算机键盘上"写"成的一部十多万字的诗歌与散文集《未湮没的径迹》序中的话。

如果读者光凭此现象就称道作者这种身残志坚的

精神的话,那就片面了。

要是大家得知他还是一位在中子物理与裂变物理领域做过大量开创性的系统研究,完成了各种能量中子引起铀、钚、钍等十多个裂变体系的实验,为铀、钚本底中子的测定建立了方法和装置,从而测定了中国第一颗原子弹金属铀部件的本底中子;研究过三分裂现象中各种轻粒子伴随裂变的关联特性,并负责串列加速器核物理实验室中子测量厅的建设,其研究成果曾多次获国家、部级科技奖的科学家的话,相信必会肃然起敬,从而饶有兴趣地读完本文。

一、可怜斑叶晓风中

> 也师君子也留红,
> 半望西庭半倚东。
> 省得年年春意绿,
> 可怜斑叶[1]晓风中。

这是黄胜年1948年创作的一首题为《夹竹桃》的七绝,它记录了作者颠沛流离、悲苦艰难的少儿时代。

1932年2月,黄胜年出生于江苏省太仓城厢镇。

---

[1] 长斑的叶子,作者自喻体弱。

生不逢时，这个小名叫"幸"的小男婴还没有问世，就遇上了"一·二八"事变。一个多月后的3月1日，日本两个师在太仓县浏河登陆，蔡廷锴将军的部队撤退到嘉定、太仓一带，太仓县城就成了抗日的前线。日军除了从陆地进攻，还派飞机凌空狂扔炸弹。炮火连天中，母亲不得不抱着襁褓中的幸，和家人（幸的祖父母、两位叔叔、姑姑和婶娘、两岁的姐姐）一起从太仓北门逃出城，步行到18里外的双凤镇，找到一艘船，然后逃到了无锡乡下一个名叫"荡口"的地方。全家人在荡口心惊肉跳地住了一段时间，待战事平息，才回到太仓。

父母给他取小名为"幸"，是祝愿他一辈子幸福的意思。没想到他一生下来就不幸福。为此，祖父给他起了个"胜年"的名字，意在希望终有一年中国会打败日本，把强盗们赶回他们自己的老家。

幸出生在一个典型的书香门第：祖父黄守之，在太仓的一所中学教生物；父亲黄圣时、母亲徐剑秋也都是中小学的教师，所以幸从小就接受过良好的家庭教育。3岁那年一场大病后，幸就跟着为他不得不放弃工作的母亲去了镇江城，与在那里当中学教师的父亲会合。

1937年"八一三"淞沪会战中，日本飞机到处扔炸弹，幸和大人们一起钻到上面铺着厚厚的被子的桌子底下，魂飞魄散地躲避强盗的轰炸。不久，上海失守，日军长驱直入，镇江告急，全家人只得又逃往扬州，在城外一个名叫"嘶马泾"的地方暂且安身。半年后,全家人又坐着小船逃到了泰州,最后逃到了上海。

所以,幸7岁前的记忆中最多的就是全家人坐在船上到处漂泊的印象,还有一个什么"封锁线"的名字。

1938年,幸一家逃难到上海,先租住在英租界极司菲尔路72号。令幸记忆深刻的是,72号隔壁的隔壁,就是76号。那可是上海几乎无人不晓、谈之色变的汪精卫特务机关,无数抗日志士在那里遭受严刑拷打与无故虐杀。不久,全家又逃到了法租界辣斐德路402号一处亲戚家栖身,住了四年之久。

幸在镇江时上过幼儿园,搬到辣斐德路后,就上了离家不远的"浙江旅沪小学",四年级时又转到听说教学质量高的阜春小学。但只读了半年,由于承受不了昂贵的学费,幸又转到法租界工部局办的萨坡赛路小学。从五年级开始,幸上法文课,练武术"八段锦",跟着妈妈学汉语古文,跟着叔叔学书法,还学会了下象棋,打下了扎实的文化基础。尽管生活很清苦,连豆腐也是难得的佳肴,但贫寒的生活反而促进了幸那幼小心灵的成熟。尤其是祖父与妈妈在那几年中执意要他背诵与临帖的诸如《星录书词》、嵇康的《与山巨源绝交书》、吴梅村的《雕桥庄歌》等古诗词,对他启蒙很大。

1941年12月,太平洋战争爆发,日本人进入租界,物价飞涨,民不聊生,全家人在挨了半年饿后,不得不迁回了太仓城内的新东街61号老家,幸在城中小学上了六年级。在沦陷区上学,使幸更加切肤地感受到了亡国奴的痛苦:首先要学日文,由日本人来教,每学期都要从"阿伊乌哀喔"教起,到后来上初中也是如此。小学生每天早上走进校门时,必须向校门里的上书"和平反共救国"六个字的汪精卫政权的青天白日旗鞠躬敬礼。初谙国事的幸不肯鞠躬,常常一溜而过。

1943年夏秋,幸结束了小学生活,进入太仓师范初中部求学。这时,父亲失业了,再也无力养家,所以家中经常是吃了上顿没下顿。母亲不得不重作冯妇,带上幸的弟弟,去一所小学教书。幸13岁的姐姐为帮助家里,在当时的县政府谋到一份抄写公文的临时工,姐弟俩得以用他们不错的毛笔字,为家里换回一些微薄的家资。

在初中时期,幸从堂祖叔那里借得鲁迅、郭沫若、周作人、茅盾、林语堂、冰心、徐志摩、郁达夫、巴金等著名作家的作品阅读,从而进入一个新天地。尤其是郭沫若的《北伐途次》,更是大大开阔了他的眼界。当然,国文课本上一些非常优美的古文名篇如诸葛亮的《出师表》、李密的《陈情表》、柳宗元的《小石潭记》等,还有唐宋八大家中的"韩潮苏海"等,也有力夯实了幸的国文基础。他最喜欢韩愈的《祭十二郎文》和袁枚的《祭妹文》,每次重读,这位12岁少年都会流不少的眼泪。

1944年夏天,在高中教生物的祖父去为一些高中学生教授国文，那天讲的是欧阳修的《泷冈阡表》，幸居然都听懂了。

1946年，幸初中毕业时，父亲从重庆回到上海工作，带了一部大本线装共八册的《赋学正鹄》，书中所收的历代名赋，又使他古诗文的基础得到进一步夯实。

黄胜年（左）晚年重游太仓市城厢第一中心小学留影

1947年夏天，幸在上海考上了大名鼎鼎的上海中学。上海中学的高中分理工商三科，工科与商科实际上是职业高中，而理科则完全是为升大学准备的，幸进入了理科。天资聪颖、功底扎实的他，在第二学期参加了

黄胜年1948年的诗，其母亲徐剑秋誊抄

全市的数学竞赛。上海中学参赛的九个选手居然全都榜上有名,"黄胜年"的大名位列第三。

从此,他对数学等课程学得更加用功了,对自己也更有信心了,并确立了"非清华不考"的信念。

二、梦忆天安门上旗

长夜正逢去国时,
似蚕心绪满怀丝。
思回金水桥边路,
梦忆天安门上旗。

这是黄胜年1952年创作的一首七律中的前四句,诗文情绪饱满地倾诉了他对中国共产党与新中国的满腔热情。

1949年,中华人民共和国在亿万人民的欢呼声中成立了。1950年夏天,黄胜年以出色的成绩,如愿以偿地考进了清华大学的物理系。尽管之前浙江大学曾给他寄去了欢迎信,希望他去那里求学,但他不改初衷,并最终在焦急的等待中,实现了梦想。

清华大学的物理系当时是理学院最大的系,全班共有40人。除政治课以外,主要有普通物理、微积分和普通化学三门大课。物理系有9位教授,教学科研力量极强;数学课的教授是美国鼎鼎大名的麻省理工学院毕业生赵访熊。由于黄胜年在入学考试时考了个全校第一名，所以一时成了学生中的名人。

在清华求学期间，19岁的黄胜年积极参加各项政治运动。为向抗美援朝运动捐款，他曾为《中学生》杂志的"物理学讲座"栏目写科普文章，发表后得到20万元（相当于现在的人民币20元）稿费，随即如数捐了出去。1951年6月30日，虽说黄胜年当时还没入党，但也被学校通知于当天前去北京先农坛参加了隆重的庆祝中国共产党成立三十周年纪念活动，并因个头矮小坐在第一排，幸运地近距离见到了毛泽东、刘少奇、周恩来、朱德等国家领导人，听到了郭沫若的诗朗诵，会后还冒雨参加了游行。

1952年2月，黄胜年与十几个大学生一起，被学校选拔到北京俄文专修学校二部（留苏预备班）学习俄语。俄专二部是一个中共中央直属部门，当时的校长师哲，曾经为毛主席等领导人访苏做过翻译。黄胜年所分的留苏预备班七班的同学们年龄都比较大，多已大学毕业参加了工作。只有黄胜年、王鸿樟、庆承瑞等四人是在校的大学生。因此，他们四人在互帮互学的过程中，担任了同学们的"小先生"。

留苏预备班除了政治课以外，其余只学俄语，老师全是女性，由当时苏联专家的夫人们担任。经过五个月的学习后，黄胜年被学校列为选送苏联列宁格勒大学学习"实验物理学"的四位学生中的一位。在此期间,黄胜年光荣地加入了中国共产党。

1952年10月初,黄胜年与几十个同学一起登上了前往苏联的火车,开始了留学苏联的征途。

三、立雪俄京新耳脑

"立雪俄京新耳脑,壮游万里记华年。"这是黄胜年回忆他20岁时万里迢迢前往列宁格勒留学的事。

黄胜年一行到了苏联列宁格勒大学后,由于在国内已升入二年级,所以费了一番口舌,又经过为期两个

黄胜年(右一)1955年6月在苏联列大物理系与中国留学生合影

月的政治突击学习,他和罗安仁、庆承瑞、李方华、顾以藩四个从上海中学一起毕业的同学,终以门门5分的成绩,插班进了二年级。

1955年,三年的苏联留学生活结束时,钱三强先生率中国核科学技术代表团赴苏联考察反应堆、加速器和核物理研究,黄胜年被选调到该团,并被派往苏联理论与实验物理研究所实习,一年后回国。

这前后四年的留学与核物理实习研究生活,给黄胜年留下了终生难忘的记忆。当年视作国家机密的往事,现在可以公布于世了。现撷取其中几段,以飨读者。

1. 超声波实验室里的玩火试验

1953年暮春,黄胜年得了肺结核病,在苏联拉脱维亚疗养了个把月。回到学校后,他首先把上学期因病没考的两门课考过了,顺利进入三年级。在按专业重新分班时,经大使馆留学生管理处同意,罗安仁和庆承瑞学原子核物理,在第一班;李方华学X射线物理,在第六班;顾以藩学光学,在第七班;黄胜年学分子物理,在第二班。

两年内,黄胜年学过原子光谱学、分子光谱学、声学方法在物质结构研究中的应用、化学物理等多门课程。声学方法那门课,实际上就是讲授超声波,因为超声波这一专业比较新,听课人数较少,放在别处不合适,最后列宁格勒大学物理系把它也归入了分子物理教研室。挺有意思的是那门化学物理,它与化学系学的物理化学不一样。

到了三年级,不光有专业课,还要做"年级论文"。其实,"年级论文"实质上就是毕业论文的雏形。学生每周至少花一个半天,到教研室去做实验,课题由教研室老师提供,那实际也就是做研究工作的开始。三、四年级的"年级论文"做得好,到五年级做毕业论文就有基础了。

黄胜年被分配在超声波实验室做年级论文,等于把他的具体研究方向给确定了下来。超声波实验室的主任决定让一位年轻些的老师带他做论文,希望取得一些好成果,以便作为他的副博士论文,所以老师对做实验抓得很紧,也需要学生当助手。这样的条件对于黄胜年正是得其所哉。

老师交给黄胜年的任务,是做一个直流三百伏的稳压电源。黄胜年学过电子学,对于真空管、变压器、电阻电容等比较熟悉。于是他从金工开始,挖洞、装真空管座,一样一样焊上零件,不久就做好了。

做电源只是个小小的插曲,正经的工作是研究"组合振子"。当年世界上各种新塑料刚刚被研制出来,黄胜年他们的实验就是研究这些新材料的声学参数。要了解世界上同行的工作情况,首先要调查有关的文献。凭着留学生的身份,黄胜年可以去苏联科学院图书馆看书,还能进入研究人员的特别阅览室。向来酷爱学习的黄胜年很开心,觉得自己像是小老鼠跳进了白米囤。每天除了上课以外,他都到图书馆去用功,星期天更是从早到晚不出来,只带块面包当午饭。每天都是图书馆要关门了,他才恋恋不舍地走出来。他在图书馆里读到了大量前人留下的研究论文,为后来做实验打下了扎实的基础。

2. 热工实验室的保密制度

热工实验室地处莫斯科南边城郊接合处"稠梨花"大街附近,原来是沙皇时代一个宠臣孟什柯夫的宅第,也就是庄园,改为研究所后,增添了几栋新的建筑物,其中最重要的是七号楼和主楼,分别是原子核反应堆和回旋加速器所在之处。

黄胜年的工作场所在一号楼,园内有一座还没有建成的高大的七十亿电子伏质子同步加速器。

苏联方面很讲究保密,每天上班,不让从大门进,而是要从门房转一下;出入证不准个人带走,统统放在门房里的一个木格子里:你报一下自己的号码,值班战士就从你的那个小格子里把出入证拿出来,经检验后,再交给你。

七号楼深藏在树林里,黄胜年很想知道它是干什么的,但由于他在上下班的路上看不到,所以他根本没有机会接近它。后来时间一长,他就有所明白了:这幢楼应该与建在北京的重水核反应堆差不多。

原本的计划，是让黄胜年学一项有关氢-3（就是氚）的研究工作，其实验室就在那个七号楼里。只是由于黄胜年抵达莫斯科前，苏联研究人员在操作氚时出了事故，短时期里处理不干净（氚的半衰期是12年），只能把实验室暂时封起来，谁都不让进去。于是，苏方决定让黄胜年参加回旋加速器上的中子组。那里正打算要进行一项用新闪烁计数器进行的实验。

第一天到研究所时，室主任尼基金听说和黄胜年同去的顾以藩在列大是学荧光（光的一种）的，大为高兴，就把顾以藩和黄胜年对调了一下，让黄胜年到一号楼去配合那里的库兹涅佐夫主任。库兹涅佐夫当时要做一个新的特殊的气泡室，专门用来探测宇宙射线里的高能粒子，而他的实验室里正好需要一位实验员做助手，于是黄胜年进七号楼学习氚研究的计划暂时搁浅，转而跟着库兹涅佐夫研制起了气泡室。

3. 危险潜伏的气泡室

气泡室是一种粒子探测器，1952年由美国人格拉泽发明。它的工作原理是：当一个密闭容器中的某种液体在特定的条件下发生膨胀时，它可以在一定的时间内处于过热的亚稳状态而不马上沸腾。此时如果有高能带电粒子通过，在粒子飞行路线上与液体中的原子碰撞而产生一种低能电子射线，因而产生许多离子时，就会成为气化中心，在此形成胚胎气泡。等气泡长大到一定程度，将它们拍摄下来，就得到了高能带电粒子的径迹底片。美国人格拉泽用的工作液体是戊烷，苏联人后来发现，用丙烷更好。再后来种类就更多了。

对于气泡室，黄胜年之前根本没听说过，所以对此感到很新鲜。

气泡室与1904年威尔逊发明的云雾室相似，都能直观地看到粒子运动的路径或"径迹"，但因气泡室用的介质是液体，其密度比云雾室高得多，因而可以适用于高能物理的实验研究。20世纪60~70年代，它在粒子物理的发展中起过重要作用，比如许多新粒子和共振态的发现都有它的功劳。当年几乎世界上每一台高能加速器旁都建有大小不等、性能各异的气泡室。中国核武器研制的主要奠基人之一王淦昌等人在联合所发现反西格玛负超子，就是用一台丙烷气泡室完成的。

库兹涅佐夫培养年轻人很有一套，他要求黄胜年在学习中提高动手能力，协助他制作一些试验配件。第一次，他要求黄胜年做一个电子稳压器；完成后，又叫他用一批盖革计数管，制作一个探测宇宙线粒子的望远镜；做好后，再叫他调整一个电子电容气压计；做完后，又要求他再做一个频闪光源……总之，都是研制工作所需要的重要部件，而其难度则逐步增加。

要知道黄胜年当时除了在列宁格勒大学超声波实验室跟着老师做过一点没有做完的"年级论文"外，对研究工作还一无所知。何况他学的是分子物理，与核物理及宇宙线相差甚远。但库兹涅佐夫的这种做法，逼着他自觉地发挥出自己所有的潜能，这对于提高年轻人的实验研究能力和水平，是极为有利的。

第一个任务，因为黄胜年在列宁格勒大学已经做过一个类似的稳压器，所以完成得很快。而此后的一些工作就比较难了。如在做频闪光源的时候，由于黄胜年对此根本没有什么概念，就从闪光两字上考虑，他想：普通的日光灯不是经常在闪烁的吗？也许可以用它试试。于是他从电工书上查到了日光灯的详细原理，再与库兹涅佐夫提出的要求做对照，感觉似乎有门。虽然频率不一样（普通日光灯用五十赫兹，而气泡室要低得多），但这样的改变是可以改好的。

有了这个核心部分，再加上一堆辅助装置，结果果然做成了。老师对他的表现很满意。

他还尽可能利用一些现成的东西进行制作，如当宇宙线粒子穿过引起气泡径迹时，气泡迅速长大，为了在最适当的时刻把径迹拍摄下来，需要及时点燃氙气光灯，这要用到高压达三万多伏的高压变压器。这个问题，最终是用普通汽车上的一个零件，再请教了另一位实验员而解决的。总之，在那几个月里，黄胜年虽说很紧张，也很累，但也获得了许多非常实用的经验和知识。

库兹涅佐夫的氟利昂气泡室快要成功时，研究所领导又对人员进行了一些调整，调进了三个人，希望加快工作进度，早日告一段落，然后准备造一个新的气泡室。这次是想用惰性元素氙来作工作液体。与氟利昂类似，氙在室温下也是气态，但其原子序数要大得多，所以对于电磁辐射，其探测效率也要高得多。

此外，还有液氢气泡室。液氢气泡室虽然在技术上更难实现，但它有好多优点。做液氢气泡室的主要困难在于温度必须达到接近绝对零度，那比氟利昂或氙要求的低得多。另外，纯氢气很容易爆炸，液氢尤为厉害，是高度的危险品，所以在安全方面的要求也特别高。当时热工实验室另有一个小组正在做一个液氢气泡室，黄胜年得知后也很想参加，哪怕能在旁边看看也好。于是，他把自己的意愿向中国的领队钱三强和何泽慧提了出来，并得到了去见习四个星期的准许。

当时只有莫斯科大学有液氢低温设备，这个组的液氢气泡室只能在那里做。莫斯科大学每星期三供给一次液氢，所以正式的实验也是每周一次，其余的日子就做准备工作。

低温实验室的地点在莫斯科大学西面列宁山上的一片空地上，热工实验室租借了他们的一间大屋子，黄胜年一进去就看到有一个用橡胶制成的庞然大物，瘪瘪地平铺在地上，占了约百分之六十的房间面积，而气泡室及其附属系统（如真空系统、控制系统、液氮系统、氢气系统、液氢系统、照相系统等），只占旁边一小块地方。黄胜年问工作人员：那是什么东西？对方回答说，那是一个未充气的气球，是安全系统的主要部分。如有氢气即将漏出来，系统中有一处最薄弱的膜会先破，让氢气首先漏到气球里，这样可以防止氢气跑到外面去。因为一旦氢气跑出来，无论跑到室内还是到室外，都是非常危险的。而有了这个气球，就能把气体收集在里面，这样就安全得多了。

有一次抽真空的时候，液体氢果然起到了特别的作用：当年一般的真空系统，抽到十的负五次方帕是比较容易的，再高就困难了。可是当他们引入液氢之后，真空计上的读数一下子就上去了，几分钟内达到了十的负六次方帕。

这是黄胜年原来没有预料到的。惊愕之余，才想到引入液氢之前，容器里面的绝大部分剩余空气都是氮气，因为氧气的液化温度比氮气高；而液氢一来，则容器里的氮分子也马上凝聚了，真空度自然就会提高。

4. 怎似江南桃李妍

听曲来悲思归欤，
登楼凝目只云烟。

洲头虽有柔枝柳，
怎似江南桃李妍？

这是黄胜年作于1954年的一首题为《怀乡》的七律的下阕，强烈地反映了他当时在苏联实习，心却早思归国报效的迫切情感。

1956年春夏之间，在莫斯科举行了一次高能物理科学会议，请了部分西方科学家参加，也算是国际会议。黄胜年跟着导师钱三强、何泽慧一起出席了会议。

黄胜年与夫人叶宗垣合影于1999年院士大会期间

王淦昌在会上作报告，预定用中文讲，由黄胜年当场译成俄语。

黄胜年清楚地记得王淦昌当时讲的是在海拔三千二百米的云南落雪山上的云室里，亲眼看到的一些宇宙线事件。

这是黄胜年第一次在正式的大会场上面对那么多名家和专家们做翻译,他很紧张。好在他事先做了些准备,翻译过程中一切顺利,再加上王淦昌讲的内容很精彩,所以报告取得了很好的效果,获得了热烈的掌声。

正在黄胜年庆幸自己较好地完成了任务的时候,一件令他非常不愉快的事情发生了。

参加这次会议的另一位中国科学家也在会上宣读了自己的论文。他是位理论家,报告是用英语讲的。讲完后,有一个个子不高的俄国人站起来问:"你刚才报告的这个理论计算结果,有没有得到实验的验证?"

中国的理论家开始听不懂,那个小个子就跑到前面去,气势汹汹地又问了一遍。有人把问题译成了英语,理论家懂了,就回答说:"还没有。"没想到小个子一听,转过头,对着大家,把手一摇,趾高气扬地大声说道:"他这个理论是没有得到什么实验验证的!"意思是说,不值得重视。

当时,他那种一脸看不起人的样子,令黄胜年心里万分气愤:你们明明知道要验证这些高能物理的问题一定要用造价非常昂贵的大加速器才行,而当时中国尚不具备这个条件。我国的科学家已经尽了自己最大的努力,拿出了很不错的成果,你凭什么要这样来奚落我们中国人?

就在那一刻,黄胜年下定决心,回到国内,一定要做出我们自己的实验成果来,让外国人不敢再小看我们!

从此,黄胜年也懂得了,在许多世界科学前沿问题上,当时我们中国几乎是没有发言权的,尤其在实验原子核物理方面。他对于钱三强、何泽慧那时说的"要让原子核在中国生根"也有了些理解。所以后来王淦昌问黄胜年"愿不愿意到拟议中的联合所,参加大型气泡室的工作"时,尽管他明明知道到联合所去,科研条件要比国内好得多,那里有世界上能量最高的加速器,而需要建设的探测器又是他比较熟悉的气泡室,相对来说容易得到好成果,但他还是明确表示不愿意,坚决要求早日回国。

黄胜年认为:在国外,你工作做得再好,成绩总归是属于外国的。人家会说这是因为有了先进的条件,甚至会说是靠着外国人的帮助与指导。另外,自己在热工实验室做气泡室,终究是客。

钱三强知道了黄胜年不愿去联合所的态度后,就说:"那你就回国去,跟着我做裂变实验吧。"黄胜年知道了自己今后的任务,非常兴奋,他当时在国外简直一天也不想多留了,一心一意想早日回到自己的祖国,好好工作,为祖国争光。

四、核能事业创维艰

核能事业创维艰，
领袖科坛四十年。
方正宽和励后学，
永垂遗范在人间。

这是黄胜年为沉痛悼念钱三强逝世，作于 1992 年 7 月的一首七绝。虽说此诗是他对恩师为中国核工业事业做贡献的衷情讴歌，但在这里也可借用作对黄胜年杰出一生的总结。

1958 年 6 月，中国原子能研究所建造的"一堆一器"快要建成了，反应堆第一次达到临界。一天，黄胜年遇到他的学长钱皋韵正从"101"（即反应堆厂房的代号）出来，看到钱皋韵疲惫的样子，黄胜年便知他与朱光亚等一批人正在没日没夜地做"开堆"实验，即反应堆最初的启动实验。钱皋韵一见到黄胜年，就兴奋地对他说："中国的第一个链式反应已经有了！"

这个振奋人心的好消息很快被《参考消息》与《人民日报》先后公开发表了。1958 年 9 月 27 日，陈毅、聂荣臻和郭沫若等领导人参加了研究所召开的庆祝大会，第二天，报纸上就图文并茂地对此作了报道。照片上，是反应堆水平孔道的中子束在进行物理实验，现场的下方出现了四个身穿白衣服的人像。这四个人正是黄胜年和叶宗垣（黄胜年的夫人）、杨惠风、王豫生三位同事。

当时,黄胜年他们四人是一个研究小组,由钱三强和何泽慧直接领导,开展裂变物理,特别是裂变中子的实验。反应堆初开时,只有很低的效率,但中子的强度比没有反应堆时用"钋（pō）—铍中子源"已经大得多了。利用反应堆的水平孔道,尤其是黄胜年他们研究小组的那个零号孔道（热柱）的中子束来做探测器的调整试验,是最合适的。照片上记录的就是当时他们实验筹备阶段的一个画面。

让黄胜年没想到的是,当年年底,这张照片被制成了一套特种纪念邮票,编号是"特28",发行日期是1958年12月30日。这套纪念邮票共有两枚：一枚是原子反应堆,面值8分；另一枚是回旋加速器,面值20分。他们四位研究者也出现在8分邮票的图案左下方,随着纪念邮票发行全国,一起进入了人们的集邮册。

黄胜年于1956年6月下旬从苏联回国后,就追随着钱三强、何泽慧两位老师,在原子能研究所参加中子物理和裂变物理的实验工作,一干就是好多年。

当时,在没有直接参考资料的情况下,他和同事们一起建立了实验方法和装置,测定和完成了大量用于核武器研制的基础数据,澄清了国外数据的分歧,完成了各种能量中子引起铀、钚、钍核素特别是铀-238、钚-240自发裂变体系的实验，还完成了金属铀本底中子的测定，为中国第一颗原子弹的核装料奠定了本底中子测量的基础。

1979年后，黄胜年与合作者一起对锎（kāi）-252自发裂变这种典型的低激发能裂变进行了系统的详细的实验，观察到高动能事件碎片质量分布上的精细结构，并得出氚和α粒子伴随裂变（三分裂）的各种关联特性。

长期以来，黄胜年作为中子与裂变领域的研究者和组织者，为核武器研制、核能开发利用，以及核物理基础研究做出了重要的贡献。

1956年冬，黄胜年在外出运资料的路上，因受凉患上了严重的强直性脊柱炎，身体难以直立，曾靠一副铁板支撑腰部，顽强地工作在核事业研究的第一线。他以渊博的知识与严谨的治学态度，虚怀若谷的谦虚作风和宽厚的长者风度，亲自为研究生们上课，讲授实验方法。正如他的学生、后任中国原子能科学研究院院长的赵志祥在为恩师的著作所写的序中说的那样："1984年，我在读研究生期间，先生亲自授课，讲实验方法，他严密的逻辑、清晰的讲解和一丝不苟的作风，给我留下了深刻的印象。他的这些言传身教，将使我终身受益。"

黄胜年为中国的核事业培养了一代又一代新人。

然而，在他弯腰曲背带病工作了三十多年后，更不幸的灾祸无情地侵袭了他，在 1990 年 12 月上班期间，他突发脑出血，导致右半身瘫痪。

黄胜年深知时间的珍贵和生命的意义，他在坚持与病魔做斗争的同时，还为院里做些学术咨询和顾问工作，并练习用左手写字，尝试用电脑写作。

黄胜年1996年院士大会期间留影

黄胜年不仅是一位严谨的核科学家，而且对诗词文学也有很深的造诣。瘫痪后，他用了几年的时间，在半身不遂、年逾古稀的状况下，以一字数敲、单指输入的方式，写出了回忆录《未湮没的径迹》，为后人留下了大量珍贵的中国原子核工业发展的史料。人们可以从字里行间感悟到他身残志坚的高尚品格和心系国防、热爱核事业的伟大情怀。

1991 年，黄胜年当选中国科学院院士（学部委员）；2009 年 1 月 8 日，黄胜年因病医治无效，在北京逝世，享年 77 岁。然而，他为中国的核工业事业所做出的杰出贡献，终将和他的名字一起，成为人世间不会轻易湮没的径迹。

黄胜年院士作于1995年的一首题为《研究生部十周年纪念》的七绝,也许可作为他晚年孜孜不倦、毕生奉献于中国核工业事业的精神写照:

绛帐[1]弦歌小院幽,
堆工物化细推求。
新枝蕴秀连年发,
头白园丁耕未休。

---

[1] 绛帐:原意红色帐帏,此代指师长、讲座,含有尊敬称美之意。

吴健雄：诺贝尔奖的"保姆"

吴健雄（1912年5月31日—1997年2月16日），著名核物理学家，美国物理学会（APS）历史上第一位女性会长，参与过曼哈顿计划，在 β 衰变研究领域具有世界性的贡献。1958年当选美国科学院院士。1994年当选中国科学院外籍院士。

一、全世界欠她一个诺贝尔奖

近半个世纪以来，熟悉她的人都称誉她为"东方居里夫人""核物理女王""物理学第一夫人"，但这些称谓都似乎不够准确。还是她的家乡江苏太仓县（今太仓市）的父老乡亲们形容得好，朴素的一句诺贝尔奖的"保姆"，道出了人们的心声。

话得从 1957 年 1 月 4 日凌晨说起。

美国哥伦比亚大学物理系 13 层的一间封闭严密的实验室里，面容清秀、身材苗条的东方青年女子吴健雄，正站在一台高速运转着的去磁低温恒温器旁，她那双美丽的大眼睛一眨不眨地紧盯着恒器上的仪表，似乎要扎入恒器中的强力磁场里。获聘美国物理学会会士后的1952年，她担任了哥伦比亚大学副教授。当时她还没有加入美国国籍，但因1956年前她在β衰变方面做过细致精密又多种多样的实验工作，已为核物理学界所熟知，所以她现在的身份是位资深的中国科学家。

现在，这里正在进行在极低温（0.01K）下用强磁场把钴-60原子核自旋方向极化的实验。

一年前的深秋，34岁的杨振宁和30岁的李政道这两位年轻的中国科学家，通过9年的紧密合作，深入研究了当时令人困惑的"θ-τ"之谜，即后来所谓的K介子有两种不同的衰变方式：一种衰变成偶宇称态，一种衰变成奇宇称态；如果弱衰变过程宇称守恒，则它们必定是两种宇称状态不同的K介子。但从质量和寿命来看，它们又应是同一种介子。杨振宁和李政道通过分析认识到，很可能在弱相互作用中宇称不守恒。他们仔细检查了过去的所有实验，确认这些实验并未证明弱相互作用中宇称守恒。在此基础上他们进一步提出了几种检验弱相互作用中宇称不守恒的实验途径。

为证实同道们的理论预见，吴健雄立即领导她的小组开展了这个实验，接连几天几夜密切观察着钴-60原子核β衰变放出的电子的出射方向。她清楚：只要电子出射的方向形成右手螺旋,出现左右对称两种机会相等的话,杨振宁和李政道的理论预见,就成定律了!

也就是说,这个被称为近代物理第一号谜的"θ-τ"的奥秘就会因此解开,从而给新兴的核物理学带来一次革命性的发展!

然而,根据"宇称守恒定律",这些出射的电子应当沿着旋轴以同样的数目,朝着上下两个方向发射,从来都和钴-60原子核的自旋方向相反。也就是说,钴-60原子核的自旋方向和它的β衰变的电子出射方向形成左手螺旋,从没形成过右手螺旋。

就在此时,一个奇异的现象发生了——数以万计的电子射向了同一个方向!

吴健雄的心头蓦地划过一道闪电,助手们也不约而同地把目光转向了她——啊,宇称并不永远是守恒的!

"是不是立即发表实验报告?"一个助手问道。

"不,"吴健雄抑制住激动的心情,摇摇头,"科学切忌鲁莽和轻率,现在发表

吴健雄在做实验

还为时尚早,我们应当再反复验证。"

于是,冷冻器械又连续运行了十多天。

奇异现象继续重复发生。

吴健雄这才感到万无一失。

于是,她和高级助手安勃勒、海瓦特、胡伯司、赫特逊联名发表了题为《在 β 衰变中宇称性守恒的实验检定》的论文,宣布:"宇称守恒只是部分的物理现象,在更多的弱相互作用下,宇称是不守恒的。"

杨振宁和李政道的科学构想,得到了有力的证明!

吴健雄的实验也立即轰动了美国的物理界。

这个证实了弱相互作用中的宇称不守恒的实验结果,在物理学界产生了极为深远的影响,也得到了美国物理界的承认。

因此,杨振宁和李政道获得了1957年诺贝尔物理学奖。当时他俩也还没有加入美国国籍,还是正儿八经的中国公民。所以消息传回祖国,全中国都沸腾了。

一项科学工作,在发表的第二年就获得诺贝尔奖,这在诺贝尔奖历史上还是第一次。

杨振宁和李政道的研究方向主要是理论。理论工作要想拿奖,必须得到实验的检验。

吴健雄的主要学术工作是用 β 衰变实验证明了在弱相互作用中的宇称不守恒,即用实验证明了核 β 衰变中矢量流守恒定律,再结合 μ 子、介子和反质子物理方面的实验研究,从而验证"弱相互作用下的宇称不守恒"。

尽管该成果奠定了吴健雄作为世界一流实验物理学家的地位,可用实验证实理论的她,历经千辛万苦、用尽智慧才华才获得成功的她,却没有获得诺贝尔奖!

许多著名科学家都为她没有因该项成就和杨振宁、李政道同获诺贝尔物理学奖而疑惑不平,吴健雄却完全没有放在心上:"我爱的是我的事业,而不是诺奖。再说,诺贝尔先生又不是我老公,我爱他做什么?我的老公叫袁家骝。"

但吴健雄依然因此被公认为世界上最杰出的物理学家之一。

吴健雄先生的事例,折射出了当时美国社会中也存在性别歧视等落后现象。

不错,吴健雄是女流之辈,在美国当时的男权社会中开展事业的难度,比今天中国的学者要大得多。尽管她有着对科研的无比热爱,有着

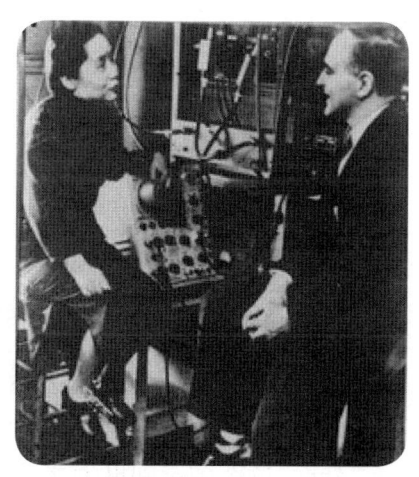

实验成功后,吴健雄与合作者安勃勒博士交谈

承受孤独寂寞的忍耐力，还做出了世界一流的历史性贡献，但女性当时想在所从事的领域出人头地仍十分艰难，更何况是在男性统治的美国物理学领域。

全世界欠她一个诺贝尔奖！

二、从太仓浏河逆流而上

浩荡东去的滚滚长江一路奔腾，在入海处忽然向右一拐，钩出了一个月牙形的陆地，这段支流被称为浏河。浏河怀抱中的那块小小的陆地，就是后来的江苏省太仓市。这里从明永乐元年（1403年）即成为我国对外通航的重要口岸，因当时商贾云集、帆樯林立，故号称"六国码头"。

浏河镇是太仓县城辖地。1912年5月31日，吴健雄就出生在浏河镇一个文化人的家庭。

她的祖父吴挹峰是远近闻名的太仓州学副贡（科举制度中一种贡生的资格，因取在副榜而得名）。吴副贡在长孙健英出生时，就一厢情愿地为计划中的后续的三个孙子依次取以健雄、健豪、健杰的名字，连起来，就是"英雄豪杰"。他笃信吴家会在他的第三代里，出现英雄豪杰。

然而，这个应运问世的老二，却是个女孩子。

时在太仓商团当团长的吴仲裔要想为女儿另取一

个名字，但吴挹峰不买这个账，依然决定让孙女用这个阳刚味十足的男儿名字。无奈，父亲吴仲裔只得给女儿另取了个"薇薇"的小名。于是，她在家人亲昵的一声声"薇倌"的呼喊声中，长大成人。

吴仲裔是个兴趣广泛的人，无线电、狩猎、弹风琴、唱歌、古文诗词，他都喜欢。薇倌咿呀学语时，他就教她背古诗、读古文，把明朝钦差大臣郑和在浏河出发下西洋的故事说给她听，甚至有时还把《申报》上的科学趣闻向女儿讲解。所以，薇倌上小学二年级时，就开始跟着父亲学着组装矿石收音机了。

吴健雄是在父亲创建的女子学校读小学的。在那个时代，女子读书，是荒天下之大谬。但吴仲裔接受过西方思想的熏陶，坚持认为不读书的人是没出路的，于是他拆了庙里的神像，把破庙改造成了女子学校。就这样，吴健雄在父亲的言传身教中，完成了小学学业。

1926年，14岁的吴健雄在县城读完小学，考上了苏州第二女子师范。

女儿临走前夜，父亲吴仲裔再次在她的面前朗诵起李清照"生当作人杰，死亦为鬼雄"的诗句，要求女儿不辜负他的期望，做一个不让须眉的巾帼英雄。

女师当年在江南为人称道，不仅教学设施齐全，师资力量雄厚，还有一套独特的教学方法和严格的规章制度。吴健雄的班主任王则民满腹经纶、温文尔雅，对数学物理更是精通。在老师的精心培养下,吴健雄在上二年级时就深深地爱上了数理化,尤其是物理。学校的理化馆是她早晚必去的好地方。在那里,有汽车、电车引擎、热量计挂图,还挂着爱因斯坦的宇宙观等图片,陈列着门捷列夫的元素周期表。那里,还有专人给前往学习的人讲解。

最令吴健雄感兴趣的是理化馆的实验室,她在实验室里与同学们一起组装无线电收音机,试制小发动机,进行各种各样的科学小试验。在那里,她如饥似渴地吮吸着知识的琼浆,神游在前人走过的科学探求之路上。

然而,随着兴趣的一天天浓厚,她对近代科学上的许多发明都在西方的现象困惑了。她向王则民讨教,王老师说:"那是国情有别。中国人向来重文不重理,长大了能当个教师、文书什么的就不错了。"

吴健雄更加困惑了:"那为什么我们古代也出过祖冲之、张衡、沈括等大科学家呢?怎么到了近代,反而再没出现呢?"

倒是英文教师周仲威开通,一语中的:"那是中国的大门关得太紧了,科学与民主进不来。"

一天,吴健雄在法国勤工俭学的叔父给她寄来一张居里夫人与她的镭研究所的照片。这下,她更加不服了:西方女性能干出这样惊天动地的科学奇迹来!难道我就不行吗?女师就是我求学的极限吗?

怀着这样不服的心情，吴健雄发愤学习，毕业考试时，她在上万个报考学生里面考了第九名。

1929年从苏州女师毕业后，吴健雄又在上海读了一年的中国公学，在那里，她以优异的成绩被保送进入中央大学。

青年吴健雄

三、只有竞争才可成为出类拔萃之才

中央大学是国内最高学府，当时已设有8个学院64个系。

少有大志的吴健雄就填报了被人们认为是"冷门"的理学院，毅然舍弃了"热门"的工学院。她在填报前专门了解了一下理学院，当时该院的师资力量非常雄厚，方光圻、倪尚达、张钰哲、徐善祥、施士元……都是从国外留学归来的，在科学界颇有声名，能够受到他们的培养，相信自己"有朝一日也会成为居里夫人"的愿望定会实现。

物理系只有8名同学，教授是刚从美国麻省理工学院留学归来的倪尚达，他还代理了系主任。倪教授平易近人，非常勤奋，除正常授课外，还时常活跃在电磁学实验室、无线电研究室，并且经常鼓励学生之间展开竞争："只有竞争才可成为出类拔萃之才。"为此，同学之间暗中都在比赛，谁也不肯落后。吴健雄更是一天到晚泡在那些实验室与研究室中。聪敏的天赋加上刻苦的学习，使吴健雄与另一位男生赵仁寿成了全班的佼佼者。

1931年9月，面对"九一八"事变的耻辱，义愤填膺的吴健雄积极地和进步的同学们一起参加集会、发表演说、宣读通电、游行示威，请愿国民政府对日宣战。

在这国难当头的时候，她的父亲吴仲裔表现出了英勇的民族气节，他调度沪太公司的全部车辆，冒着枪林弹雨，接送十九路军的将士与伤员。因此，沪太公司得到了十九路军的嘉奖。

她的叔父吴琢之是江南汽车公司的总经理，在上海南洋中学求学期间以及在求新机器厂当绘图生时，就以一位热血青年的良知与勇敢，参加过伟大的五四运动，当年他曾怀着一腔热血，率求新机器厂三百余名工人上街，掀起了上海近代史上第一次罢工示威的大游行。他被推选为工界代表，起草通电，领衔痛斥徐世昌"恋栈误国"，继而又出席了全国学生联合会，慷慨激昂地报告了求新机器厂工人罢工游行的经过，声言誓为学界后盾。旋又率工友分赴市区各大商号，鼓动罢市，从而触怒了北洋政府，对他下达了通缉令，限他三日内离厂。

就在这时,他经许德珩介绍,于 1919 年 7 月,加入了第一批留法勤工俭学的队伍。

在巴黎,他白天在华法教育会打字,晚间补习法文,还去法国西部一家电机制造厂做绘图员。1921 年调往法国中部史耐德铁路机车制造厂研读机械画线。其间,他与后来成为著名共产党人的李立三、赵世炎、陈延年等和成为国民党要人的狄君武、毛庆祥、陈耀东等在同一工厂共事。与同学们不同的是,吴琢之选择了一条"实业救国"的道路,他毅然回国,后来创办了江南汽车公司。

叔叔吴琢之的正直与正义,也成了吴健雄学习的榜样。

1934 年,吴健雄以毕业考试总平均分 86.3 的成绩,从中央大学物理系毕业,获学士学位。这分数,不但在物理系名列前茅,即使在中央大学应届全部 460 名毕业生中,也名列前茅。与此同时,她在施士元教授的精心指导下撰写了一篇题为《证明布喇格定律》的优秀毕业论文。

毕业后,吴健雄应浙江大学郭任远校长之聘,当了一年的教师。为了实现理想,她又离开杭州,前往上海,进入设在亚尔培路的中央研究院物理研究所,成了顾静徽领导的光谱组中从事光谱研究的学生。

四、有幸得到两位大师的悉心培养

1936年的春夏之交，吴健雄在导师的建议下，远赴重洋，途经日本，前往美国加州大学深造。

美国的加州大学是一所位处伯克利市中的规模宏大的州立大学，有十个分校，数十个学术研究中心，学生总数以十万计，是吴健雄理想的深造之地。

求学期间，她通过中国留学生俱乐部结识了英俊的青年学生袁家骝。然后通过袁家骝的热情介绍，她认识了辐射实验室的物理教授劳伦斯，进而和袁家骝一起成了这位物理大师的学生。

吴健雄在劳伦斯的指导下，学会了物理的基本实验，也明白了时间就是生命的哲理。她身穿素色中国旗袍穿梭在实验室与研究室里的身影，成了劳伦斯身边一道独特而又亮丽的风景。

在加州大学深造的时候，她还见到了前来访问的中国大学者胡适。

当年她在上海中国公学求学时，胡适曾来校作过演讲。当时校长让她做演讲记录。善于辞令、学识渊博的胡适给她留下了深刻而又美好的印象。从此，吴健雄爱上了《新青年》杂志，因为《新青年》上最漂亮的文章，都是胡适写的。

胡适是吴健雄心中的偶像。

应该说,风度翩翩的胡适,在美国对吴健雄的帮助是很大的。因为他引领着她走向了人类科学的最高峰。他不但要求吴健雄在海外学习期间多多留意异邦文物,多读文史类的书,多读其他学科,扩大胸襟、提高见解,还给她留下了一段对她极有启发的知心话:"国内科学界的几个最老的领袖丁在君(丁文江)、翁咏霓(翁文灏),都是博览群书的人,故他们的领袖地位不限于地质学一门。后起的科学家都往往不能有此渊博,恐只能守成规,而不能创业拓地。"

胡适回加拿大后,还给她寄去了一部英文版的《天文学大家传奇》,并在扉页上亲笔写下:"前天在旧书店拾得此书,我因为期望健雄做个博览科学家,故寄此书,给她作课外之消遣。"

胡适对后学的奖掖,使吴健雄感动不已。

在伯克利最初的日子,吴健雄的生活是紧张、清苦的,但她的精神世界是充实、富饶的。她不仅得以在一位美国大科学家的身边学本事,还得到了一位中国大学者在人生道路上的指引,她是个幸运的人。

1940年,在劳伦斯的悉心培养下,吴健雄开始了博士论文的写作。

在辐射实验室里,她巧妙地创造了新的方法,分离了在蜕变过程中产生的两种射线,并使实验结果与理论推导准确地一致起来,她对所研究的由 β 衰变产生的

X射线这一课题进行了无懈可击的论述,她的这篇富有开拓性的论文很快获得了通过,并发表在物理学界最权威的《物理评论》上。

就在这时,伯克利宣布了铀的裂变。

吴健雄得知后,立即着手研究铀裂变产生的稀有的放射性气体。塞吉博士欣然和她合作,他们一起进入实验物理这一前沿阵地,把目标瞄准了"两个具有半周期放射性衰变的完整链,它们的辐射以及同位素数是完全同等的"这一推论,并使之得到了确凿无疑的证实。

这项研究在当时带有高度的保密性,直到第二次世界大战结束才准予公布。

1940年初秋,吴健雄从美国加州大学伯克利分校毕业,获得了物理学博士学位。

有几个华裔同学竟然激动得冲着她欢呼了起来:"吴健雄,中国的居里夫人!"直喊得吴健雄面孔顿时红如公鸡的鸡冠——倒不是因为激动,而是羞愧:瞎嚷嚷什么呀!我充其量不过是纸上谈兵,还没有取得一点实质性的成果,怎么能和居里夫人相提并论?!

领到毕业证书的那天,劳伦斯找她谈话,建议她留在加州大学,继续在他的实验室工作。到美国四年了,尽管吴健雄很想回去探望亲人,但一想到当时正被侵略者蹂躏的祖国,想到自己就是回去也很可能难以有继续施展抱负的机会,她答应了劳伦斯几近恳求的建议。

五、史密斯学院的物理教授

当吴健雄得以在加州大学以一个实验员的身份领取学校每月的一份薪金时,袁家骝再次出现在了她的面前。

原来,当年吴健雄在他的帮助下进入劳伦斯实验室后不久,他便转到洛杉矶加州理工学院深造去了。尽管洛杉矶与旧金山相距数百公里,但袁家骝为了心底的爱情,专程闻讯看她来了。这几年中,他一直与吴健雄保持着书信联系,也始终密切关注着吴健雄的学业情况,对她怀着由衷的钦慕与尊敬。如今,她终于不负众望,脱颖而出,他的心里乐开了花,但又忐忑不安。

至此,吴健雄才得知袁家骝是袁世凯的孙子!所以,当袁家骝终于打开心扉向她示爱的时候,她心里非常矛盾,因为在中国二次革命时,父亲和叔父他们都参加了反袁的斗争。

但是,袁家骝无论人品还是秉性,都符合她对理想伴侣的期待。袁家骝虽然出身世家,但他后来家道中落,到美国留学的时候身上甚至只剩下了 40 美元。因此,袁家骝并没有一般公子哥儿的坏习性,反倒勤劳朴实,脚踏实地,尤其是他对事业的执着追求,更是她所爱慕的。

矛盾中,吴健雄向远在中国的父亲去了一信,征询父亲对此事的看法。

父亲的回信来了:"……父反对的乃是袁世凯,非他之后人也,家骝既如你所述,父欣然。父母一向是信赖你的,理应尊重你的主张……"

吴健雄迷惘的心海上空,顿时云开日出。

1942年5月30日,吴健雄与袁家骝在时任加州理工学院院长密立根教授寓所的花园里举行了婚礼。密立根担任了他俩的证婚人。从此,袁家骝主动担下了洗衣服、做饭、打扫房间、带孩子的职责,而且坚决不让妻子做家务,只是为了让吴健雄更多地享受科学的快乐。袁家骝曾说:"夫妻如同一个机关,需要合作,婚前要有承诺,婚后要有责任。"这是余话。

婚后不多久,吴健雄应聘来到普林斯顿的史密斯学院担任物理教授。在校园里,她常见到一头白发的爱因斯坦戴着一顶亚麻色的巴拿马帽,背着双手,在林荫道上漫步。敬仰与激动之情,让她感到幸福。

在史密斯上物理课的学生都是男生,这使吴健雄心里很不平静:在科学上,难道女性真的不如男性吗?居里夫人不是一个典型吗?

然而,她目前要做的是教书讲课,把自己的知识传授给别人。于是,她显示了自己在实验物理方面的深厚修养,全身心地扑在本职工作上,还对学院在核物理研究上所必需的设施提了意见，推动了学校教学和研究的发展。

正当她想在这所学院继续工作下去的时候，新墨西哥 V 基地代表时代向她发出了召唤。

六、"原子弹之母"

当时，第一颗原子弹的研制正在那里绝密地进行着。物理学界第一流的科学家们纷纷投身于著名的"曼哈顿工程"。

1944 年 3 月，吴健雄应召参加了这项工程，担任战时研究处科学组组员，负责伽马射线探测器。

"曼哈顿计划"是美国主导的计划，所有关键人物中只有一位非美国人，那就是吴健雄。

吴健雄对自己的实验要求非常高，经常通宵达旦工作，她的实验从来没有出过错误，受到"曼哈顿计划"的首席科学家奥本海默的高度赞扬。

原子弹的反应堆建好以后，出现了一个严重问题，那就是原子炉里的连锁反应开始几小时以后停止了。

这就意味着：原子弹哑火了。

谁都研究不出是什么原因，只好去找吴健雄，要拿她的博士论文来参考。因为吴健雄的博士论文，研究的就是铀原子核分裂时产生的稀有气体。

结果,把她的博士论文拿来和实验一对比,物理学家马上发现:原子炉连锁反应的中止,就是吴健雄发现的稀有气体在搞鬼。

原因找到了,问题马上被解决,原子炉又开工了,人类第一颗原子弹顺利炸响。

如果没有吴健雄,原子弹可能要推迟诞生。甚至可以这样说:原子弹的威力,就是从吴健雄的手上释放出来的。

因此,她被称为"原子弹之母"。

1947年,她在哥伦比亚大学的教授公寓里,生下了她和袁家骝的爱情结晶,他们为儿子取名袁纬承。剖宫产使她的身体格外虚弱,但是,她无论如何也离不开她魂牵梦绕的物理科学,坚持着在实验室里进行β衰变的实验。她设计了一个新方法,把闪烁计

美国总统授予吴健雄国家科学勋章

数器和β探测仪用于磁谱仪上,试图对思里科·费米的β衰变理论做出验证。由于经常一个礼拜甚至一个月泡在实验室里,她回家时儿子差点不认识她了。

好在辛勤的劳动最终还是得到了丰厚的回报。1957年,她破解了"θ-τ"之谜,用她的实验轰动了美国的物理界。本文开篇对此已作描述,这里不作赘述。

七、期盼中美坚冰消融

1949年10月1日,中华人民共和国成立。

从家乡太仓传来了父亲的亲笔书信,信中写道:"新政府执政后,货币稳定,生活不致回落过甚,对于以前地主之清算,亦为一般小百姓吐气。"

这封信,使阔别祖国13年的吴健雄渴望回国探亲的念头更强烈了。

但是,她的愿望,受到了丈夫的质疑。原因很简单,只因袁家骝的爷爷是"窃国大盗",为中国人民不齿,而新中国更是旗帜鲜明、持续不断地对袁氏父子进行着批判。

作为袁世凯的孙媳妇,吴健雄不得不顾虑重重,最终暂时放弃了回国的愿望。

1954年4月,中国出席日内瓦会议的代表团秘书长王炳南和美国代表团的亚·约翰逊,分别代表两国政府,开始了关于平民回国问题的初步接触。翌年9月,著名空气动力学家钱学森冲破重重阻力飞回祖国。消息发布后,思女心切的吴仲裔急飞美国,叮嘱女儿快快归国。

可是，事情没有那么简单：吴健雄是位实验物理学家，国内没有相应的设备，回国后，英雄无用武之地，必将一事无成。而且核子物理正在日新月异地发展，她怎能一下子中断自己的研究？何况因剖宫产大伤元气，她一直在延医请药中呢。

吴健雄不得不一次次地把强烈的思乡之念死死地压回心中。

1956年，她加入了美国籍。当年7月，她复信父亲：我是一向爱国不落后的人，现在每听到祖国突飞猛进的消息，便欢喜得流下泪来。我想，你们还记得我在国内当学生的时候，没有一次游行不去参加，现在虽然过了青年，热心爱国，还是不改。

1957年底，吴健雄致函父母：我听说政府派人赠花去探视父亲大人，使我心中感动之至，希望你们替我表示谢意。

1958年，吴健雄晋升哥伦比亚大学正教授，同时获选为普林斯顿大学创校百年来第一位女荣誉博士，当选第一位华裔美国国家科学院院士，被列入《美国科学名人录》。

这里有段小插曲：在讨论吴健雄能否升为正教授的时候，遇到了与当年评议诺贝尔奖时一模一样的状况——遭到了全部人的反对。于是，在哥伦比亚大学和吴健雄同事的李政道先生看不过去了,说:"好,你们反对的,一个一个说出理由来,说不出来的不准离开!"

结果会议从下午两点开到五点,李政道舌战那些看不起中国人、看不起女性的人,终于促成了吴健雄的升职,由此吴健雄成为哥伦比亚大学建校200年来第一位女教授。

这年8月,她在致父母的信中动情地写道:有时候做梦老是梦到回家团聚……希望明年无事,我可以回国看你们。那不知要多么兴奋哩!说不定中美邦交趋好,那就无问题了。

这封信,暴露了吴健雄没能回国探亲的又一层真实原因:中美关系自抗美援朝战争以来,一直处于胶着的状态,"美国佬""打败美帝野心狼"的怒吼声,在中国大地上经久不息。她担心自己在这个时候回国,会出现什么意外。

20世纪60年代初期,吴健雄的父母因年老多病,相继永别了她,她悲痛欲绝。于是她想见叔叔们与兄妹们的愿望也更加强烈了。

1964年底,一份中文报纸披露了杨振宁博士与父母弟妹在香港团聚的消息。这消息使吴健雄感到振奋,她连夜给弟弟写了封信,提出了在香港与亲人们见面的愿望。

于是,没多久,在九龙饭店的第11层楼,吴健雄终于与阔别了29年的亲人见面了。当时代表他们前来的是叔父吴琢之与弟弟吴健豪夫妇。

经历了阔别重逢的激动后，吴健雄不无欣慰地说道："信发出后，没想到我们这么快就见面了。"

吴健豪笑了："是的，要不是这事惊动了周恩来总理，还很难说呢。"

事到如今，吴健雄才知道他们的这次见面，竟然还惊动了中央……

使吴健雄与袁家骝怎么也想不到的是，这次29年后的重逢，竟然是他们与叔父、健豪的永别！不到一年，他们永远地走了……

1971年起，中美两国乒乓球队互访的一系列活动，终于推动了两国的外交恢复。其实，当时中国"两弹一星"的成功，使得中华人民共和国的国际地位大幅度提高，成了美国争取结盟的对象。

吴健雄终于梦想成真，与丈夫一起回到了祖国，踏上了阔别35年的故乡，来到了太仓县浏河镇，站在了故宅的大门前。

1973年10月15日，当吴健雄和袁家骝在广州、杭州、上海、天津、北京等地参观游览后即将回美国的时候，她接到了有关部门的通知，约定当天傍晚赴人民大会堂，说党中央有人要接见他们。

原来，正陪同外宾在西安访问的周恩来得知吴健雄和袁家骝即将离京,不顾重疴在身,决定立即返京,在人民大会堂接见了吴健雄夫妇俩。陪同会见的还有钱三强院士。

一番犹似老友久别重逢的亲热,还有总理那超强记忆带来的贴心问候,使吴健雄放弃了自己"只看不说"的原则,她像向长辈诉说家常一样,向总理倾诉着自己35年来在外的甜酸苦辣和喜忧怨悲。

暮霭落下来了,宾主共进晚餐后,接着交流。这时,总理笑着问袁家骝:"听说袁教授在天津有不少亲戚,见面了吗?"

袁家骝心里一动,迟疑地回答道:"我们这个家庭……"

"噢,不谈这个,不谈这个。"善解人意的总理马上笑着摆了摆手,"家庭出身是不能选择的,我不也是官僚家庭出身吗?何况,袁家不是出了博士嘛!"说着,他转向一边的钱三强,"袁教授从事的是高能物理?"

"是的。"钱三强答道,"袁教授目前是日内瓦欧洲核子研究中心的顾问和美国布鲁克海文国家实验室的特聘顾问。"

"所以,问题不在出身嘛。"总理的话,使客厅的气氛变得更轻松活跃了。

…………

总理的接见一直持续到凌晨两点钟,他老人家的每句话都令吴健雄夫妻铭记终生，成为他们在实验物理学道路上前进的又一股动力。

尾 声

1978年初夏，耶路撒冷。一幢古老的中世纪建筑物的大厅里，庄重肃穆的气氛中，"沃尔夫奖"的颁奖仪式正在举行。国际评判委员会的外国委员纷纷走上主席台，他们都是些杰出的科学家和著名教授，这使得"沃尔夫奖"具有更大的国际性。

"颁发委员会现在宣布，由于吴健雄教授在实验旋转原子发出辐射线的工作中，以她锲而不舍的努力，终于测定了弱相互作用，特决定颁发十万美金，以表彰她对科学和人类的独特贡献！"在大会执行主席的宣布声与满场热烈的掌声中，身穿素色旗袍的66岁的吴健雄平静地走上了领奖台，接过这个被科学界一致认为与诺贝尔奖相当的荣誉。

当天的新闻媒体对此又旧事重提，称吴健雄虽然没有拿到诺贝尔奖，但她几乎拿遍了诺贝尔奖之外的所有物理奖，还帮助杨振宁、李政道获得了诺贝尔奖——她是诺贝尔奖的"保姆"。

1982年，吴健雄受聘为南京大学、北京大学、中国科学技术大学名誉教授，并成为中国科学院高能物理研究所学术委员会委员。同年,她在南京大学开办系列讲座,论述了β衰变、宇称不守恒、穆斯堡尔效应等方面的课题。

1984年10月,吴健雄第二次回到故乡苏州太仓浏河,参加母校明德学校恢复校名暨明德楼落成典礼,并独资捐建了明德学校紫薇楼。

1986年,吴健雄获得南京大学荣誉博士学位。

1990年,国际小行星中心批准命名一颗编号为2752的小行星为"吴健雄星"。

1994年,吴健雄当选中国科学院外籍院士。

1997年2月16日,吴健雄在纽约病逝,终年85岁。遵照本人遗愿,袁家骝亲自护送吴健雄的骨灰回祖国,安葬于苏州太仓浏河镇明德学校紫薇阁旁,墓体设计由贝聿铭任设计顾问。明德学校的科技楼被命名为"吴健雄楼",袁家骝捐赠25万美元作为基建费。他表示,他是浏河的女婿,浏河是他的第二故乡,作为一个科学家,他拿不出更多的钱来,但他可请海内外优秀的科学家来做学校的顾问,推动明德学校的发展。

吴健雄院士拥有中国人民为她树立的丰碑,远远超过了诺贝尔奖或诺贝尔奖的"保姆"的荣誉。

唐孝炎：一辈子与大气污染为敌

唐孝炎（1932年10月16日— ），祖籍江苏太仓，环境科学专家，中国大气环境化学领域学术带头人，北京大学环境科学与工程学院教授。1995年当选中国工程院院士。

一、居里夫人指点迷津

1950年一个夏秋交替之日的傍晚，18岁的唐孝炎独坐在书房里出神，清澈秀丽的双眸，在暮色中泛着困惑，晚霞把她的姿态勾勒成一个大大的问号。

"阿炎，怎么不开灯呀？""你一个人坐在里面发什么愣呢？"随着问话声，母亲与兄长先后走了进来，关切地问道。

"你还在为择校伤脑筋呀！"母亲一眼看见了摊在女儿面前的择校志向表，眉头不由皱成了一条线。

1928年春，唐孝炎的父亲唐庆岳因深感民间孕妇分娩多沿旧习，贻误生命，便自筹经费，从太仓来到上海，拿出了祖上传给他的全部财产，亮出了他年轻时学到的西医专业，在上海戈登路（今江宁路）293号租了五间房屋，创办了一所助产学校，名为"私立大德产科女医学校"。

唐氏宗族在教育上是有传统的，唐庆岳的叔父唐文治（1865—1954）曾创办私立无锡中学（今无锡市第三高级中学前身）及无锡国专（今苏州大学前身），他作为校长，亲自在学校里教书育人。

唐庆岳受叔父的影响，学业有成后也走上了教育救国的道路，并在1932年把学校更名为"大德高级助产职业学校"，随着办学规模的逐渐扩大，学校附设了一所医院，名字就叫大德医院，他一人身兼校长与院长。

没想到天不假年，1937年春，他得了一场大病，危在旦夕。好在他的两个儿子当时都已继承了他的事业，在医院当医生。所以他临终时那充满期望的目光，只定格在病榻前年仅5岁的女儿唐孝炎的脸上。尽管他没留下什么话，但眼神分明告诉所有在场的亲人：我家就一个女孩，长大后也让她学医，而且像她母亲一样，将来做个西医助产师！

悲伤不已的夫人深深地记住了丈夫最后的愿望，用力点了点头。

然而，随着唐孝炎一年年长大，眼看到了高中毕业选择人生方向的时候，她却要违背父亲的遗愿，不想和母亲、兄长一样从医，而要另择他业了。

"姆妈，我实在吃不消福尔马林那种气味，一闻就头昏。"女儿说出来的还是那个理由。

"可是……"

在大德医院当西医内科主任的儿子见状，一边暗示母亲冷静，一边走上前态度鲜明地对妹妹说道："阿炎，不要伤脑筋，人的志向是一辈子的大事，你决定了的事，我们尊重你的选择。"

唐孝炎眼睛里的困惑微妙地变成了迷茫，她无助地摇摇头。说实话，她还不知道自己究竟应该选什么学校呢。

当晚，同学约她一起去看电影，一部1943年美国拍摄的传记片《居里夫人》。她跟着去了。

也就在当晚，她忽然有了清晰的人生方向。

居里夫妇经过四年的努力只提炼出0.1克镭，但镭的发现引起了科学乃至哲学界的巨大变革，为人类探索原子世界的奥秘打开了大门。可以说，它的发现，开辟了科学世界的新领域，并由此诞生了一门新兴的放射学，所以，镭被誉为"伟大的革命者"。

居里夫人给唐孝炎留下了特别深刻的印象，也给了她很大的启迪：对呀，条条大道通罗马，我为什么不能

唐孝炎在北京大学求学时

像居里夫人那样,也走一条科学的道路呢?中学时开设的化学课,不就是自己最感兴趣的一门学科吗?

更何况她的堂兄唐孝威已做出表率,从清华大学的电机系毕业后,进入了中国近代物理研究所,正是她眼前的一个好榜样。

就这样,在母亲失望的目光里,唐孝炎毅然填报了大名鼎鼎的燕京大学(1952年撤并北京大学)化学系,从此开始了她一辈子与大气污染为敌的科学生涯。

二、浅蓝色烟雾之谜

1953年,唐孝炎以优异的成绩从北京大学化学系毕业；1954年，她留校继续攻读研究生。毕业后，留任北京大学，在化学系、技术物理系任教。

1955年，在唐孝炎的积极筹建下，北京大学成立了国内首个放射化学专业，主要研究领域为大气环境，包括臭氧、光化学烟雾、酸雨以及气溶胶化学等。

1959年1月至1960年4月，她远赴苏联科学院地球化学与分析化学研究所进修。

1959年，苏联科学院地球化学与分析化学研究所中国进修人员合影，前排右四为唐孝炎

1960年5月回到祖国后，她担任了北京大学技术物理系放射化学教研室副主任、讲师，之后转入环境化学教研室，相继担任实验室主任、讲师、副教授，环境科学中心主任、教授。

1972年6月5日，正当唐孝炎刚创建了中国最早的环境化学专业，率先开设了环境概论、三废治理、环境化学和大气化学等一系列环境课程时，联合国在瑞典首都斯德哥尔摩召开了第一次人类环境会议。

中华人民共和国派代表团参加了会议。唐孝炎作为十个观察员之一，随团参加了这个国际会议。

会议上，人们第一次认真、热烈地讨论了当代的世界环境问题，同时也意识到中国同样存在着严重的环境问题，中国的观察员们当时就醍醐灌顶，有种提心吊胆的紧迫感。

的确，对于当时百废待兴的新中国来说，环境保护还是一个非常陌生的概念，观察员们意识到中国必须像西方一样，及早正视环境保护的大问题。

观察员们回国后，立即集中大家的意见，书面向周恩来总理作了紧急汇报。他们在报告上开宗明义：以前总是认为我们国家没有污染，只有资本主义国家才有污染，这种看法是不对的。要知道当时新中国的经济建设非常迅猛，一大批大小不一的化工企业在全国各地如雨后春笋般冒了出来，可以断言，在我们国家肯定也存在着大气污染的问题，必须马上把环境保护提上国家的议事日程，予以全民重视和参与。

这份报告，引起了日理万机的周总理的高度重视。

1973年8月5日至20日，国务院委托国家计委在北京组织召开了中国第一次环境保护会议，审议通过了"全面规划、合理布局、综合利用、化害为利、依靠群众、大家动手、保护环境、造福人民"的环境保护工作32字方针和中国第一个环境保护文件——《关于保护和改善环境的若干规定》。

这次会议推动了中国环境保护工作的开展，迈出了中国环境保护事业关键性的一步。

也正是这次会议，让唐孝炎决心将研究方向转向环境化学领域。

这时，她曾经的学生、时任甘肃省环境保护所所长的吴仁铭找到了她，神情忧虑地向她反映了兰州西固地区出现的一种奇怪的污染现象。

这位身材高大的汉子坐下后，还没开口，就先红了眼圈："唐教授，前不久，我到兰州化学公司有机厂了解他们的污染情况。在回来的时候，也就是在有机厂门口的公共汽车站上，我认真地抬头一看，眼泪就直直地流下来了，那里的天空中确实有浅蓝色的带灰的污染物存在。之后，我又到几个地方进行了取样调查与测量，发现西固地区的确存在着很严重的空气污染，我怀疑这并不是一般的煤烟型污染。如果再不加以预防与治理，后果就很可能是第二个洛杉矶。"

1940年至1960年，美国洛杉矶曾发生有毒烟雾污染大气的事件，当时洛杉矶的上空弥漫着一层淡蓝色的烟雾，导致居民眼睛刺痛、流泪，并伴有咳嗽等症状。这是世界有名的环境污染案例之一，主要污染源来自汽车尾气等。

有关洛杉矶空气污染的案例，唐孝炎在读研究生时就做过分析，知道这是光化学烟雾污染。现在她听了学生的汇报后，感觉这种情况跟洛杉矶的光化学烟雾的现象有些相似。

但仅是相似，因为当时兰州的汽车还不多，西固地区更是车辆稀少。

那么这个浅蓝色烟雾究竟是什么呢？

三、突破了中国环境科研的第一个大课题

于是，唐孝炎立即带上研究生们，前往甘肃西固地区现场进行深入探索和研究。当时国家一穷二白，唐孝炎和她的学生们一起动手，搭建了最简单的实验装置，还负责设计和自制了一个光化学烟雾模拟箱。在多部门的配合下，他们终于检测到了光化学烟雾最显著的指标——过氧乙酰硝酸酯。

原来，甘肃西固地区的确存在着光化学烟雾的污染，且浓度比较高。但其来源跟洛杉矶的光化学烟雾确实不同。

当时的西固地区聚集了很多的化工厂、炼油厂、热电厂以及氮肥厂等，它们日夜排放出大量挥发性有机化合物及氮氧化合物。这些物质在大气中与紫外线接触后发生了快速的光化学反应，最后形成了光化学烟雾污染。

从原本单一的化学鉴定到复合物的判定，唐孝炎的这一调查结果成了中国空气污染研究的分水岭。

兰州调研课题的突破是我国环境科研的一大成果。兰州西固地区获得的经验后来很快被上海金山石化、北京燕山石化等学习借鉴，并对全国同行业起到了指导性的作用。

这一经验，在此后的几十年中在全国各地不断被使用。

在科研实践中，唐孝炎发现大气化学是一个探索不尽的大领域，也知道自己在中国是第一个发现大气有氧化性的人，那么自己更应该下定决心，拿出所有的智慧与力量，将大气化学与环境保护事业进行到底。

四、往深处开拓大气环境化学领域

1984年以来，唐孝炎着重对广东、广西、湖南、山东等地区的酸雨问题进行了系统研究，为确定中国酸雨研究和控制的发展方向起到了重要作用。

臭氧层消耗是当前国际关注的全球性环境问题。国际上有一个《蒙特利尔议定书》，要求由各国首脑会议决定在全球范围禁用氟利昂等对臭氧层有破坏的物质。

受国家环境保护局的委托，唐孝炎主持编写了中国消耗臭氧层的物质逐步淘汰的国家方案。这不仅为国家争取了上亿美元的资助，还受到《蒙特利尔议定书》执委会的高度评价，把她送审通过的这个方案译为六国文字，作为其他国家的参考范本。

1985年9月至10月，她前往美国能源部下属的布鲁克海文国家实验室和美国国家大气研究中心（NCAR），担任高级客座科学家。

1993年，唐孝炎担任了联合国环境规划署臭氧层损耗环境影响评估组共同主席。

1995年，她当选中国工程院农业、轻纺与环境工程学部院士。

但她仍是北京大学环境科学与工程学院的教授，是个倾心为祖国培养更多人才的环保专家。

作为一位女性环境科学家，唐孝炎在教学科研之余，还积极参加社会活动。在第四次世界妇女大会上，她与清华大学一位女教授组织、主持的"妇女与环境"非政府组织论坛，受到各界的好评。她认为：妇女在环境保护中应该比男性发挥更大的作用。为此，作为中国环境学会副理事长的她，为进一步组织各界妇女推进环保，和同事们组织筹建了妇女环境保护分会。

自1995年以来，公众对大气公共环境污染问题越来越关注，唐孝炎院士不顾自己体弱多病、年纪大，始终亲自带领团队深入各地调查。她先后主持了光化学烟雾、酸雨、臭氧层及雾霾环境污染等问题的研究，往深处开拓中国大气环境化学领域。

2019年3月，苏州电视台的记者专程前往北京未名湖畔采访她时，她利用采访前的一点时间，服用了一把药片。一问，方知她患有高血压与心脏病、糖尿病。此外，她还患有神经性震颤，导致双手不停抖动。不过，病痛并没有让她放下手头的工作，时年87岁的她仍然坚持在教学第一线。她告诉记者："一年级新生一入学，我要给他们教一门课——环境问题。这门课是我现在最重视的，能让他们了解环境科学是怎么回事。每年暑假，我都要为这门基础普及课做准备工作。"

同行的教授告诉记者：像唐教授这把年纪还亲自为大一新生上课的，在院士中间非常少见，她希望以这种方式启蒙更多的年轻人走上大气环境化学研究的道路。

五、85岁还要跋山涉水深入现场

研究大气化学污染四十多年来，唐孝炎不断面对新的课题与挑战，也始终向着新的难题奋勇冲刺。她于2003年获得国家环境保护总局臭氧层保护个人特别金奖，2005年又获得了维也纳公约20周年保护臭氧层贡献奖；同时她还担任着郑州大学环境科学研究院名誉院长，2010年还受聘为南京理工大学环境与生物工程学院名誉院长。

使同行肃然起敬的是，2013年，已经81岁的唐孝炎仍在为解决人为排放造成灰霾的问题呕心沥血。

雾霾，跨越了大江南北，成为很多地区难以回避的问题，也使人们闻霾色变。

那么，灰霾的成因是什么？它究竟会对人类造成什么危害？人们又该如何应对呢？

唐孝炎说：统计分析发现，灰霾颗粒物，即直径小于或等于2.5微米的细颗粒物($PM_{2.5}$)的危害是多重的。它不但会形成灰霾，降低能见度，还会威胁人体健康和生态环境，并通过远距离输送，造成区域性或全球性环境问题，甚至影响气候变化。

由于$PM_{2.5}$的组分复杂，含硫酸盐、硝酸盐、金属、黑炭、有机碳和矿物质等，毒理学研究表明这些组分的毒性机制和效应均有很大差异，$PM_{2.5}$致病的机制非常复杂,目前很多机制和影响尚不清楚。研究发现,每年由于大气污染而早亡的人数约 80 万,其中最重要的原因就是颗粒物污染。如果 $PM_{2.5}$ 浓度能降低 10 微克/立方米,由肺病导致早亡的人数将减少 6%,肺癌人数将减少 8%。

研究表明,$PM_{2.5}$ 可影响人体的呼吸、心血管、免疫、生育、神经和遗传系统等,PM_{10} 可进入人的鼻腔及气管。而 $PM_{2.5}$ 除了能进入肺部,还能进入肺泡甚至血液,引起肺部和全身炎症,增加动脉硬化、血脂升高的风险,导致心律不齐、血压升高等。

唐孝炎直言不讳地表示:目前我国是全球灰霾污染最严重的国家之一。当前我国已经有 74 个城市可以实时发布 $PM_{2.5}$ 的相关数据。监测表明,我国各地区的大气中,$PM_{2.5}$ 约占公布的 PM_{10} 数值的 50% 以上,而大城市的比例有时可高达 70%。

那么,$PM_{2.5}$ 究竟从何而来?

唐孝威分析说:花粉、海浪泡沫、土壤微粒等是 $PM_{2.5}$ 的天然来源,不过,目前我国大气中的细颗粒物主要来自工业、交通、电力等生产和生活中,即以人为排放为主。

北京大学的科研人员在珠三角地区做了长达十多年的大气污染物研究,他们发现,以没有重工业的深圳市为例,空气中的 $PM_{2.5}$ 主要来源依次是机动车尾气、燃油、餐饮油烟、建筑尘和煤烟等。

唐孝炎说：不同地区的 $PM_{2.5}$ 污染源种类不同，组分会有差异，来源也存在明显的季节差异，夏季 $PM_{2.5}$ 受煤烟尘影响小，冬季受煤烟尘影响增大。

为此，在我国东部地区，应加强对区域复合型污染联防联控，加大对机动车尾气污染的监管和控制力度；完善对挥发性有机物、臭氧层物质的监测、评估和科学控制；加强对 $PM_{2.5}$ 标准体系的研究等。北方地区适度发展集中供热，加大除尘力度；加强沙源地的生态建设，控制土壤风蚀起尘等。南方地区加强黄金水道港口污染研究；加强对硫酸盐、硝酸盐、二次有机物等二次颗粒物前体物的监测与防控。中西部地区强化煤烟型污染防治，推进传统优势产业高端化、高新化，发展环境友好型和资源节约型产业；防止落后工艺、产能由东部向中西部无序转移，防止工业污染向农村无序转移等。

2015年，唐孝炎继2012年获得北京大学国华杰出学者奖后，又获得首都环境保护先进个人奖。

但是，时年85岁的她还不肯刀枪入库、马放南山，2017年5月，唐孝炎还背着氧气袋，就四川复杂地形增加臭氧治理难度的困局，亲自前往成都，为成都平原地区臭氧治理把脉问诊、对症下药。

"四川的复杂地形增加了臭氧的治理难度。"在唐孝炎看来，氮氧化物与挥发性有机物在强光照射下发生的二次光化学反应，导致臭氧污染。而挥发性有机物是由3000种以上物质组成的混合体，且大气中的挥发性有机物处于快速变化之中，其"难以捉摸"的特性，为治理臭氧污染带来巨大挑战。

"大家对成都平原地区的工业污染源情况了解得比较细致，但是挥发性有机物的无组织排放却没怎么触及。"唐孝炎建议，要对污染源有更全面更深入的了解，掌握了污染源才能对症下药，解决污染物排放量的问题。一口不能吃成一个大胖子，臭氧治理是一个相当漫长的工作。

唐孝炎举例说，洛杉矶进行了六十多年的臭氧治理，如今每年依然有数十天的臭氧污染天气。目前成都

唐孝炎（左一）在外考察

平原地区空气中的氮氧化物比例比较高,这给治理指明了方向,但要想了解臭氧污染的具体成因,还需要做更多的分析和研判。

"总的来说,污染源、气象条件、解决模式这三点,是接下来要重点考虑的工作。臭氧污染防治需要全过程控制,在做好对挥发性有机物排放源和排放量控制的同时,还要重视治理管理技术路线,挥发性有机物涉及多个行业,治理要强调一厂一策,不可能仅仅靠末端治理,最重要的还是全过程控制。"

六、倾囊而出,只为明天的天空

说实话,到目前为止,中国的环保已有很多问题迎刃而解,但也有不少问题还在困局之中。令唐孝炎庆幸的是,她培养了一大批出色的学生,正奔走在中国大气保护的科研前沿。

她为北京大学的本科一年级学生开设课程"环境问题",还格外注重在授课过程中用案例进行教学,培养新生独立思考、深入讨论等能力。四十余年来她已为中国环境科学的科研、管理和教学培养了不少学术带头人和骨干,其中学生张远航2015年当选中国工程院院士,学生胡敏2012年受聘为北京大学特聘教授,学生邵敏担任北京大学环境学院环境科学系教授。除了北京大学，唐孝炎还在郑州大学、复旦大学独立或联合指导学生，已培养出40名博士、10多名硕士。

唐孝炎说："看到学生有成绩是我最高兴的事，甚至比看到自己的孩子还要高兴，我现在有好几个学生，很得力的就留下来了，在这儿可以接替我的工作，这是我引以为豪的。"

为感谢恩师为推动中国环境领域的科学研究和人才培养做出的杰出贡献，在唐孝炎八十寿辰之际，她的学生们发起并捐资设立了"北京大学唐孝炎环境科学创新奖学金"。

唐孝炎院士几乎倾囊相授，把一大笔钱充入其中。

那是2016年前她多次参加国家中长期科技规划第十专题战略及其政策研究，主持国家"973计划""863计划"等有关项目，国家自然科学重大基金项目和北京市项目时获得的三次国家科技进步奖二等奖、一次一等奖，国家教委科技进步一等奖、环境保护科学技术奖一等奖的全部奖金。

那是2019年前她在国内外期刊和学术会议上发表的300余篇学术论文、4部著作（其中1990年出版的教科书《大气环境化学》2006年再版）的稿费，是她先后获得教育部、国家环保局优秀教材一等奖，北京市先进教育集体和教材一等奖的奖金及与钱易合作主编的著作《环境保护与可持续发展》教材的稿费，

2004年唐孝炎荣获第二届"中国保护臭氧层贡献奖"特别金奖

以及由此获得的2002年全国普通高等学校优秀教材一等奖的奖金!

北京大学唐孝炎环境科学创新奖学金由北京大学环境科学与工程学院管理,用于激励全国在环境科学领域具有创新精神、独特见解、杰出表现的优秀学生,以鼓励中国青年一代投身环境保护事业,协助国家培养更多的优秀环保人才。本、硕、博评奖比例视当年申请人情况由评审委员会进行分配。鼓励本科生申报,鼓励女生申报。

2019年6月5日是第48个世界环境日,我国是主办国。从20世纪70年代就在唐孝炎的主持下开始相关研究工作的北京大学,在杭州特别策划与举行了以"蓝天保卫战,我是行动者"为主题的世界环境日全球主场活动。

　　这里，请允许我以她的学生创作的诗歌《如果天空失去颜色》作为本文结尾：

蓝天，满载着儿时的记忆
白云，像他们奔跑的模样
星空，闪烁着我们的梦想
如果天空失去了颜色
会是何种境况
失去颜色的博雅塔
连勃勃生气一并丢掉
见过岸边五彩斑斓的样子
开始担忧雾霭里的水鸟
会否在今夜告别
不见了蓝天
白云也该改作"灰云"
空中静穆
仿似在为过往热烈的身世默哀
小荷才露尖尖角
便已消殒尘埃里
想到讲堂时
永远想到夏夜的晚风、歌声
假日返校的重逢之地

和毕业那天最后一张照片
未曾想它暗下来
竟有幕落人散般的失落
太阳花不见蓝天的一边
正以流星飞过的速度
枯萎憔悴
阴霾吞噬晚霞
远处的建筑
突然破败得
好像随时会倒塌
落霜了
蓝天下的白色
才有些纯洁耀目的气质
天空失去了原本的色彩
就连朝阳也不愿露面
死寂的建筑上空
夜幕时分被永远定格两侧
组成精准的美丽弧线
却又忍不住拾笔
为右侧染色的冲动
灰色画格里
是如织游人也难掩的寂寥空洞
充斥着沙尘和雾霾的燕园

还会让无数人心向往之吗

大气治理任重道远

这场蓝天保卫战

北大人愿做前锋

朱棣文：捕光捉影的后面

朱棣文（1948年2月28日—   ），祖籍江苏太仓。1976年获物理学博士学位；发明激光冷却捕陷原子的方法，获1997年诺贝尔物理学奖；1993年当选为美国国家科学院院士；1998年当选为中国科学院外籍院士，受聘为北京大学名誉教授；2004年任美国劳伦斯伯克利国家实验室主任；2009年任美国能源部长。

一、印证了爱因斯坦的预言

朱棣文获得1997年诺贝尔物理学奖，主要是因为他"首先发明了激光冷却捕陷原子的方法。这一发明对物理学理论是个重大的突破"。

上述引号中的文字，是瑞典皇家科学院的新闻公报上总结的。

什么是激光冷却捕陷原子呢？

这得先解释一下原子：

143

原子是化学变化中的最小粒子。一个原子包含一个致密的原子核及若干围绕在原子核周围带负电的电子。原子核由带正电的质子和电中性的中子组成。当质子数与电子数相同时，就是电中性的原子；否则，就是带有正电荷或者负电荷的离子。根据质子和中子数量的不同，原子的类型也不同：质子数决定了该原子属于哪一种元素，而中子数则确定了该原子是此元素的哪一种同位素。

这样诠释太专业了。

一句话，原子虽然是看不见、摸不着的东西，但它却是原子弹、氢弹的心脏。

世界上的物质以各自不同的速度在空间中不停地运动着。由于原子的运动速度极快，科学家一直无法对它进行更深入的观察和研究。20世纪80年代初，还在贝尔实验室工作的朱棣文曾设想用6个方向的激光束对原子进行照射来冷却原子，减慢它的运动速度，让原子仿佛进入一个光子的海洋中，待温度随之冷却后，科学家就可以有足够的时间来观察和研究它的状态了。

但是，这6个实验都无法突破"如何利用激光使原子冷却下来"的瓶颈。

一天，朱棣文突然想到，他在纽约北部的罗切斯特大学求学时，那里冬天非常寒冷，人们总要喝点酒来驱寒取暖。那时喝醉酒的人相当多，醉酒的人在走路时摇晃不停,往往越走越往低处倾斜,有的甚至躺倒在地,惯性使然,谁都不可能往高处跳。

这个现象,当即给了他灵感,想到在不同激光束作用下的原子依照惯性,应该也能往低的地方运动,关键在于如何借由激光的作用,设计出一个接近热力学温度绝对零度的陷阱,来降低经过的原子的能量,进而达到迟滞原子运动的作用。

这个灵感,促使他又经过多次实验,终于与同事们一起成功地达到了理想的状态。

当时,用激光可以冷却原子的原理,让人们听了感到惊异:激光通常是用来加温的,用具有高能量的激光来冷却原子,从而使它放慢脚步展现在人们的面前,这可能吗?

这就需要设计一个"原子捕捉器"的陷阱,把气体原子捕捉进去,再用深度冷却收拾它。

这就是朱棣文研究了几十年并终获成功的一个"史无前例的崭新方法":激光冷却与原子捕陷。

长久以来,用光来捕捉原子一直是科学家的一个梦,而朱棣文的科学实验使这个梦想变成了现实。

他的研究成果,印证了爱因斯坦于1925年所做的"原子可以在超低温下成为'超级原子',并以单独的分子形式存在"的预言。

激光冷却与原子捕陷的技术具有广泛的应用领域,

它已应用在非线性光学和量子光学实验中；激光冷却的原子广泛应用于超冷碰撞的研究；可用放射性元素来更精密地研究弱相互作用的宇称不守恒效应，以及对时间反演不变性的破坏进行更深入的探索。

这些话未免太专业了，还是举个例子吧。

如原子钟。

20世纪50年代，原子钟的诞生成了时间标准发展史上的一次巨大的飞跃。

1967年，人类接受了铯原子钟的秒标准规定，其精确度超过了机械钟的10亿倍，这种原子钟每10年才有1秒的误差。

而朱棣文发明的激光冷却与原子捕陷的技术，可以将测量的时间精确度再提高100到500倍！因此，这项技术可运用于太空航行、洲际导弹发射等高精尖的科学领域。

当然，朱棣文这项发明的用途远远不止上述领域，朱棣文说："这项成果正开始找到大量的用途"，"这些用途及不同的领域，有材料科学方面的，也有对光与物质相互作用的更为深入的研究"，目前的应用，"仅仅是冰山一角而已"。

当然，朱棣文在号称"万物之理"的物理世界所做出的贡献，并非只有激光冷却与原子捕陷的发明。

例如，朱棣文研究小组通过"坠落"原子而精确测算出了单个原子的重力加速度,并发现这一重力加速度与由数十亿原子组成的宏观尺度物体的重力加速度相同,即微观原子下落的速度与其重量无关。这一结论因在"1999年世界十大科技进展"中与一批生命科学、空间科学的重大成就相并列而被物理学界称为"比萨斜塔实验的现代翻版",这是对朱棣文又一科研成果的极高评价。

还有朱棣文研究小组用聚集激光束使原子束弯折和聚集,推动了"光学镊子"的发展,使其成为现在生物科技中的重要工具,朱棣文和他的学生们还以此来研究蛋白质在个体分子中的运动姿态,在1993年到1997年间取得了丰硕的研究成果,十多篇论文发表在美国《科学》杂志与《自然》刊物上。

1998年,朱棣文等科学家最早倡导和提出的Bio-X(生物学与其他学科相结合而形成的交叉学科)这一概念,是他获诺贝尔奖后在未来科学研究模式和发展趋势方面提出的新思想。

············

其实,不管是激光冷却与原子捕陷,还是单个原子的重力加速度,它们在万物之理世界的研究与实验中,都可以通俗地称为"捕光捉影"。

人们眼中的朱棣文是科学界一颗灿烂夺目的明星,一个因与众不同、智商超群而冷漠呆板、不食人间烟火的学究,一个因攀登上了万物之理巅峰而近乎神话的奇人。但其实,在朱棣文呕心沥血捕光捉影的背后,他也是一个有血有肉、有喜怒哀乐的普通人。

下面是他科研之路背后所发生的一些趣闻逸事。

二、两回故乡寻根祭祖

这些故事发生在朱棣文两次回祖籍太仓寻根期间。

朱棣文在美国出生,在美国长大,直到50岁时才有机会来到故乡太仓。

第一次是1998年8月24日,他应邀到中国科学院上海光学精密机械研究所讲学时,受父亲朱汝瑾的嘱托,忙里抽闲来到距上海18公里的太仓寻根访祖。

"你们也知道我得诺贝尔奖的事?"他用英语向接待他的太仓市政协领导发问。

"怎么不晓得,家乡人民还要欢迎你呢!"说着,领导把收集到的一大堆有关朱棣文获奖的资料拿给他看。朱棣文当即感动得湿了眼眶。

接着,朱棣文来到了朱家老宅的宅基处。这条明代老街刚刚在旧城区改造中拆除,正在建设新楼。由于那次讲学时间安排得很紧,他在太仓只停留了几个小时,甚至连祖父母的墓也没有时间祭扫,就回嘉定了。

第二次是2000年8月24日至25日,朱棣文偕夫人吉恩专程到太仓祭拜祖宗。

20世纪三四十年代,太仓县城厢镇东门街17—19号,住着朱棣文的祖父朱筑岩（号钦博,1882—1950)一家。

朱筑岩在当地很有名望,是一位思想开明、有主见、有民族气节的人物,他一生以诗书治家,十分重视对子女的智力开发和能力培养。他在家门上亲书"耕读世家"四字,以告示子孙后代。朱棣文的姑妈朱汝宇回忆：小时候家中藏书很多,兄弟姐妹们放学回家就读这些课外书,像《诗经》等书至今她仍保留着。

抗战期间,日本侵略者占领了太仓,曾用各种手段威逼朱老先生当他们的统治工具,遭到了他的严词拒绝。恼羞成怒的强盗烧了朱家大部分的房屋,并把他抓去做苦工。朱筑岩每天做工回家都要悲愤地说："我今天又做了一天亡国奴！"

为躲避强盗的迫害,他举家搬到乡下,来到太仓东郊龙泾村岩家宅种田、办私塾,和儿子朱汝瑜一起免费教农家子弟读书。他看不起那些在日本兵面前卑躬屈膝的人,把他们比喻为学生们养的蚕儿,甚至愤怒地对学生们下令说："不要养那些无骨虫,不要做没有骨头的虫！"

在朱老先生的严格管教下,朱棣文的父辈们大都学业有成。大姑妈朱汝昭曾东渡日本留学。二姑妈朱汝华曾就读南京中央大学，早年留学美国，1936年获化学博士学位，曾任芝加哥大学化学工程教授，还曾当选美国全美化学协会主席。她的同乡好友、南京中央大学的同学吴健雄，那时当选为美国物理学会会长，两位太仓才女成了太仓的骄傲。

吴健雄的嫂子还是朱棣文五姑夫的姐姐，说起来，朱吴两家还是亲戚呢。

三姑妈朱汝蓉也是位卓有成就的化学教授，曾在美国宾夕法尼亚大学执教。

小叔叔朱汝琛曾在上海塑料模具厂工作，新中国成立后曾两次当选上海市劳动模范。他的子女也个个优秀，其子朱卫国是美国生物医学博士，女儿朱文静是美国统益国际旅游公司总经理。

朱棣文的父亲朱汝瑾是朱家的长子，1940年获清华大学化学学士学位，后到西南联大继续学业。1943年在二姐的资助下赴美国留学，在麻省理工学院继续攻读化学专业，1946年朱汝瑾获得麻省理工学院化学博士学位，1946年至1949年任华盛顿大学化学工程助理教授，1949年至1955年任纽约技术工程学院副教授，1955年至1957年任美国华人工程师协会主席……朱汝瑾生前很想回祖国探亲，但终因时间和身体的关系未能实现愿望，于2000年11月怀着深深的遗憾在美国病逝。

朱棣文的母亲李静贞出生于天津一个教育世家，清华大学经济系毕业。1945年赴美留学，在麻省理工学院攻读工商管理，是一位颇有才华的经济学家。

朱棣文就是在这样的家庭背景下成长起来的。他们兄弟三人都学业优秀、事业有成：哥哥朱筑文是麻省理工学院博士，拥有物理学、生物化学、医学三个博士学位；弟弟朱钦文18岁就从大学毕业，21岁获得政治学博士学位，后又进美国哈佛大学深造，后来成为美国一百位最有名的律师之一。

言归正传。且回到2000年8月24日至25日。

朱棣文与"朱棣文小学"的学生们亲切交谈

第二次回乡，朱棣文十分开心，太仓市政府以最高的规格迎接了他们夫妇俩。在当天隆重的晚宴上，政府领导向朱棣文赠送了他祖父、祖母的大幅照片，朱棣文欣喜万分地把照片抱在胸前，问身边的夫人："像不像？你看我像不像我祖父？"

朱棣文为太仓"朱棣文小学"题词

第二天，朱棣文夫妇冒着细雨前往太仓公墓祭拜了祖父母，接着来到太仓人民以他的名字命名的朱棣文小学，与学生们见面座谈，还用英文为学校题词……太仓市政府在他朱家老宅的宅基处设立的"朱棣文祖居处"及乳白色花岗石上雕凿的碑文，更使他心潮澎湃。

朱棣文与太仓亲戚合影

在太仓市区中心娄东宾馆下榻的那一晚，朱棣文久久难以成眠，他想到了自己少年时代在美国的成长往事。

三、中西方文化交叉影响下的活泼少年

1948年2月28日，朱棣文出生于美国圣路易斯市一幢普通的屋子里，父母给他起了这个富有中国特色的名字。

小时候活泼好动、天资聪颖的他有着很强的动手能力和丰富的想象力。他喜欢把软肥皂捏成各种动物形状，用刀在木头上雕刻飞机、军舰，也喜欢做一些纸模

型，喜欢玩化学游戏，比如做"炸弹"等。客厅里到处摆放着他的杰作。

小学四年级时，他就开始做一些机械的玩具了，比如把一大堆零件组合在一起，做成一些连他也不知为何物的大东西；还喜欢用积木搭建房子，把玩具改装成机器人。他的房间里堆满了金属的螺母、螺丝、扳手、起子等工具。

再长大一些，他的兴趣扩展到了化学实验上。有时，他会和同学饶有兴趣地测试周围邻居家土壤的酸碱度及营养流失情况，还一起做自制火箭的实验。有一次，他在厨房里的一张塑料桌子上做化学实验，不小心把桌子烧着了。

他还非常喜欢体育运动，经常和小伙伴们在学校附近的院子里玩橄榄球、棒球和篮球，有时还会玩玩冰球。上八年级时，他又迷上了网球，为此他还买了一本打网球的书，学会了打网球的技法，校队还吸收他当了三年的替补队员。

后来，他又爱上了撑竿跳。他从地毯店里找来一根竹竿，每天苦练，不知摔了多少次，身上青一块紫一块，最终学会了撑竿跳，能跳过2.5米的高度。

从小就对用逻辑思维方式学习感兴趣的他，不喜欢死记硬背，上中学时，他的学习成绩并不拔尖，老师布置的家庭作业，他认为跟做烦琐的家务事没两样。

由于他脑子里经常闪现一些其他孩子想不到的主意,所以他在课堂上并不安分,碰到可笑的事情,他会发出声声怪笑,甚至尖叫起来。有一次在上英文阅读课时,他发现有两篇文章是同一作者,就像发现了新大陆,在教室里大叫了起来,为自己的"发现"而欣喜若狂。

有一次,他想知道救火车救火的情景,就和哥哥在后花园烧物品。大火燃起,照亮了花园,妈妈吓得赶快打电话叫来了救火车。当然,这一次爸爸没有饶恕他们,兄弟俩都结结实实地挨了一顿打。

20世纪50年代初,在美国教养华裔孩子相当不容易,父母既要考虑如何让孩子融入美国的社会文化,又要考虑怎样能使孩子不忘记祖国的历史文化。为此,在三个儿子小的时候,父母就要求他们在家里讲中文,并送他们上中文学校学习。当时,纽约华裔人数不多,孩子们上学要讲英语,只有晚上在家才有讲中文的机会。在这种情况下,朱棣文三兄弟对学习中文也就缺少兴趣,在中文学校学习的那一年,他们还经常逃学出去玩耍,后来也没再进过中文学校。每忆及此,朱棣文总为自己当时没有学好中文而遗憾。

就这样,朱棣文在中西方文化的交叉影响下成长了起来。

上中学时,朱棣文对几何产生了浓厚的兴趣,因为几何不用死记硬背,而是从直觉的假设开始,用一种清晰的逻辑思维的方式去推断结果。每当他沉浸在假设与证明中时，他就有一种说不出来的愉快，让层层的逻辑推导，把自己引入一个奇妙、深奥的世界。

高中时的物理老师托马斯·迈纳是一位物理学博士，他渊博的知识对朱棣文产生了非常大的影响，朱棣文后来对物理研究的兴趣，与这位老师的启蒙有很大关系。

迈纳是一个特别富有天才的人，曾获得美国国家教学奖。在课堂上，他生动地向学生们介绍物理学的内容，把那些枯燥的理论讲解得通俗易懂又有趣。比如，一个人为什么会因为加速度和重力而摔跤？花儿为什么红？食盐为什么有咸味？人睡觉时为什么会做梦？……这一切都要追溯到"万物之理"的物理。

人类理解自然造化的最大成功，就在于运用了从原子这个小宇宙获得的"万物之理"，去说明由大量原子组成的大宇宙中的诸多现象和性质。包括原子怎样"手拉手"，中子怎样结伴而行，光子怎样列队集合，温度和压力等环境因素怎样影响它们的行为，什么是电子云……这些都可以从"万物之理"中寻到答案。

迈纳对物理学精神的深刻理解，对朱棣文产生了潜移默化的影响，并将他带入了一个奇妙的物理世界。从小动手能力就很强的朱棣文，就这样深深地喜欢上了物理。

朱棣文从长岛花园城市高中毕业后，考入了罗切斯特大学。这时，他的天赋开始显露，除攻读专业课程外，更对爱好的科目投入了巨大的精力，并且后来居上，成为优秀学生。

其间，被称为"撬开原子能工程保险柜的人"的物理科学家费恩曼所著的《物理学讲演录》一书，成了他学习物理的指南，他从中领会了费恩曼关于科学知识的真知灼见。

费恩曼对物理学和物理研究的精辟见解，对科学的诚实态度，以及他的思想方法，激发了朱棣文对物理学的热爱，也一直影响着他对物理学的学习及后来的研究与教学。

朱棣文崇拜的英雄是伽利略、牛顿、麦克斯韦、爱因斯坦以及当代的科学巨匠如费恩曼、盖尔曼、杨振宁和李政道，他立志要像他们一样在物理学领域做出贡献。

1970年，朱棣文获得了罗切斯特大学数学学士学位和物理学士学位。当年入加州大学伯克利分校研究院读研究生。

四、个性率真的大牌教授

1976年，朱棣文在加州大学伯克利分校获得物理学博士学位；1978年，他在该校做博士后研究并再获美国国家科学基金会博士预备生奖学金，当选美国物理学会理事；1987年任斯坦福大学物理系主任；1993年当选为美国国家科学院院士；1997年获诺贝尔物理学奖；1998年当选为中国科学院外籍院士。

在此期间，他先后担任了美国电话电报公司贝尔实验室电磁现象研究员、量子电子学研究部主任兼任哈佛大学讲师；美国斯坦福大学物理系物理学和应用物理学教授、物理系主任；美国国家科学基金会物理咨询委员会成员、斯坦福大学校长遴选委员会委员、间接成本核算委员会委员等几十个职务。

他曾与不少助手、学生、朋友、教授、科学家密切合作，并给他们留下了幽默风趣、严谨严肃、自信坚定、谦逊随和、平凡而又伟大、普通而又神奇的印象。

这里，不妨把他们（包括他的夫人吉恩）眼中的那个掩盖在捕光捉影后面的他，作一局部还原。

在斯坦福大学，朱棣文被认为是该大学物理系最聪明、最友善、最努力的教授。

朱棣文讲课的口才与提纲挈领的指导，使学生们极为叹服，大家非常爱听他讲的课，认为他讲课不是那种冗长的、枯燥的道白，而总是能让人感到一种轻松与愉快。学生们说，听朱棣文讲课简直是一种享受，他解答问题的方式也是独具风格。有时候在实验室，当学生带着满腹疑问求教于他时，他常常不直接回答提问，而是抓住要害轻描淡写地反问学生几个问题,使学生顿时知道症结所在,而实验的结果也总是站在朱棣文一边。

朱棣文有着很强的责任心,对学生的要求相当严格。他不允许学生对待学业有丝毫的懈怠,如果某个学生在做研究时缺少拼搏与严谨的精神,他会毫不客气地把这个学生狠狠地教训一顿。有时候,当学生以为他不会出现在他们面前而稍有放松时,他会突然来到实验室检查。有些从中国来的学生英语讲不好,朱棣文也坚决不允许他们讲中文。为此,他曾迁怒于他的行政秘书冯平:"你不要与他们讲中文,那样他们永远讲不好英文。将来他们都是要做学术报告的。"

马克是朱棣文的得意弟子之一,刚到实验室的第一年,做实验把铜管接起来时,他把焊接器用错了,朱棣文当众严厉地批评了他。

有学生把纸随便丢在实验室的地上,朱棣文要大家清理干净再下课。在激光实验室做实验时,他要求同学们必须将实验室门口的红灯打开,以示意人们不能进去。讨论时,有的学生会估计一下实验数据,而朱棣文却不容许这样做,因为他坚决不允许实验数据是"大概"的。

有一个博士刚到时,每天坐在计算机前发呆,不知该做什么。朱棣文发现后,就强迫这个学生每天给他写点东西。这位博士写了一段后,就开始工作了。

但也有学生不喜欢他的"凶":有个研究生在朱棣文手下做了8年的研究生,但因为数据分析没有完成,一直无法毕业,这个学生实在忍无可忍,最后不得不离开朱棣文。一些学生说,给朱棣文当研究生不容易,一般都是六七年才能毕业的。

不过,他的教学方式却很活泼,尤其注重启发性的思考。比如说物理学要运用许多数学公式,他却会尽量避免这些,而让学生从心里去了解这个东西到底是怎么运作的。其实,这也是朱棣文平常想物理问题的方式,他并不是真的去想这个公式怎样推导,这样推导的结果会怎么样,而是去想这样运作的结果会怎么样,如果学生做实验时把这些因素加进去,会造成什么影响。在朱棣文的脑子里,都是一幅一幅的图画,所以他上课时画的图要比文字的叙述多。他常对学生们说:"我把你招来是要你将来成为科学家的,不是做技工的!""我培养的是未来的科学家,而不是工程师!"

但朱棣文在生活中却没有一点大牌教授的架子,他个性率真,平易近人。

在学生眼中,他既是一位严师,又是一位可亲的兄长,有时就连学生们找住宿之类的事,他也要亲自去过问帮忙。

他的学生回忆说,经常会出现这样的情况:有时朱棣文会突然跑到实验室里,激动地把自己刚刚经历的一些好笑的事情讲给他们听；甚至在学生们抱着头苦思冥想的时候，他会突然出现在大家面前，向学生们做个鬼脸，把集中精力的学生吓一跳。

有一次，朱棣文到澳大利亚参加国际会议，回到学校后他就手舞足蹈、又说又笑地向学生们描述鸭嘴兽跳进水中的样子，还模仿鸭嘴兽跳进水里的动作，他的怪模样逗得学生们哄堂大笑。

上课时他也总是很风趣，不拘小节。如讲到某个机制时，他口中会发出一些象声词；在研究小组讨论中，有时感到累了，朱棣文也会将双脚伸到桌子上去。

2008年夏的一天，李剑君（北京交通大学教授）与曹慧（中国社会科学院学者）在美国采访朱棣文时，曾去现场听他讲课。那天，朱棣文讲爱因斯坦相对论。但见朱棣文上穿浅蓝色的带有米老鼠图案的T恤衫，下穿一条米色的休闲裤，脚着旅游鞋，背着一个双肩包，和学生们穿的一样休闲。学生中甚至有人穿着拖鞋，有的女生穿着吊带背心。但是一上课，朱棣文就严肃地问大家："你们都做完功课了吗？"

学生们有回答做完的，也有没做完的。

这时，朱棣文没有指责未完成作业的同学，反而与学生们一起哈哈大笑了起来。

他讲一会儿课，就让学生们提问，讨论式的教学方式，让课堂上不时传出师生们的笑声。一个男生甚至将双脚放到前排课桌上听课。

朱棣文晃着头上的几缕白发,不停地在黑板上写写画画,边讲边用手势比画着。而学生们提问题也不用站起来,只要举手就行。当朱棣文告诉同学们后面有两个北京来的客人在听课时,同学们都朝李剑君他俩投以善意的微笑。

下课了,同学们围着朱棣文问这问那,朱棣文都面带微笑给予解答,一点没有不耐烦的样子。课后,李剑君问朱棣文:"若学生的问题你一时答不出,你会怎么办?"

朱棣文想也不想地答道:"我会感到非常高兴,我为有这样的学生而感到骄傲,我会与他们继续讨论的。"

即便获得诺贝尔奖后,他仍然是这样,没有一点架子,还是一如既往地在课堂上课。他说:"我不希望这个奖打乱我的时间表,我仍会像以前那样到学校去工作。"

朱棣文带了十几个博士生和博士后,他们来自世界各地。从台湾大学来的一位博士生是朱棣文的助教,他说:"每当有人毕

朱棣文与奥巴马

业时,朱棣文都会主动提出来请同学们到他家开派对。每个人都去过他家几次。但讨论起物理专业方面的问题时,他就会严肃起来。没见到他之前是有些怕他,但是一接触,就发现他跟普通人一样。他对差的学生,会约时间与他们谈话。学生问他问题,他就会发现学生思考的盲点是什么。如果你不懂,他也不会像有的老师那样不耐烦地把书丢给你,而是耐心地又讲、又写、又画。周末,他会在办公室里听听音乐,他不听流行的,他只听歌剧、古典音乐、经典交响乐,比如说《悲惨世界》。"

五、平易近人的性情中人

朱棣文是个性情中人,他对亲友、同事充满了爱与尊敬。

1991年,朱棣文雇佣丘李珍女士担任物理系行政管理者。在与朱棣文相处的15年中,丘李珍有着权威的见证:

> 朱棣文很会听取别人意见,对人对事很公平,同时他对工作的要求也是很严格的。在斯坦福大学,他的严格要求是出了名的,所以有些学生很怕他。他每天应酬很多,但绝不是有名了就到处讲讲学算了。他仍在不

断地思考着做新的东西,就是下班回家也不肯闲着。

孩子小的时候,都是朱棣文给孩子洗澡、洗衣。他虽然在洗,但仍在想实验,洗呀洗呀,洗个没完,下意识地把水往孩子身上撩。

朱棣文很有活动能力,他经常到外面给学校募捐,有时是学校派他去的,但他自己一分钱也不要。我们中心的实验室,就是他到外面去募捐来的。

每次跟他一起外出开会,他一定是自己带上幻灯机等物品。散会后,他也总是帮着我拿东西,一点也没有主任的架子。

物理系有个员工病了,两只脚都烂了,很臭,送他去医院他不肯去。作为系主任的朱棣文就走到这个员工的办公室,亲自给他穿袜子,穿鞋子,不嫌人家的脚又臭又脏,让员工把他送医院。

他对人很随和,人家让他做什么事,他都是"好好好",从不会说"NO",所以同事们都愿意和他聊天,甚至连小孩子打架也找他评理。

给朱棣文做过三年行政秘书的冯平女士,是从上海到美国的。朱棣文用人很讲究,当初丘李珍前去应聘时,朱棣文不但面试了她,还给她原来的单位打电话了解她的情况。所以这次冯平通过面试后,朱棣文也专门找到冯平原来的两个教授去了解她的情况。

她对朱棣文的认识是和丘李珍一样的:"有的人得了诺奖就不那么努力了,而他仍把全部心思放在工作上。他对员工和学生体贴入微,有一个他钟爱的博士生,太太在中国来不了美国,他就亲自帮他写信让她出来。他人又很随和,大家都喜欢和他开玩笑。有一次我和他开玩笑说'你太瘦了,像个瘦猴子,要长10斤才好看',他听了哈哈大笑。"

冯平负责管理朱棣文的科研基金,她说朱棣文从不乱花这些钱,就是他自己要报销,也会一分一分地与冯平说清楚。冯平说:"平时大家都说他小气,但他捐了很多的钱给学校。我经常收到人家给朱棣文的信,有的是说他又给某某地方捐了多少的款。问他干吗捐那么多,他只是笑而不语。他只是一个教授,没有那么多的钱。他这样做是一般教授无法相比的。"

有一次冯平将自己家做的糖年糕送给朱棣文吃,朱棣文放在办公室里都一个星期了,冯平让他扔掉,但他舍不得,说还能吃。只要是还能吃的东西,他是不会丢掉的。他的衣服都是旧得透亮了还在穿,家里不用的东西从不轻易扔掉，就连旧的马桶盖，他家用不着了，也要拿到系里来，谁需要谁取走，还说这是物尽其用。

六、诺贝尔奖颁奖典礼上的秘闻

朱棣文是在中西方文化的共同浸润下成长起来的一位伟大的科学家，他继承了中西方文化的精髓，兼具中西方文化的优点——美国社会的自然大方与中国人的谦虚随和。他的性格中既有西方人的率真，也有东方人的含蓄。

1998年3月，朱棣文应邀到台湾大学作演讲。

虽然主办单位将这场演讲定位为"通俗演讲"，但能完全听懂的人恐怕不多。朱棣文觉察到了这个情况，为使现场气氛轻松一点，在演讲结束时他谈到了自己参加诺贝尔奖颁奖典礼及晚宴上的点滴秘闻。

他首先提到了颁奖的顺序。他说，诺贝尔奖颁奖当天，所有得奖人依物理、化学、医学、文学、经济学的顺序排列、受奖。这个顺序不是随便安排的，因为诺贝尔奖创办人阿尔费雷德·诺贝尔本人虽然是化学家，但他认为物理是所有科学中最重要的一项，因此物理奖排序居首。

颁奖后的晚宴也依此安排：三位物理学奖得主的座位在中央主桌，与瑞典国王、王后及王室成员同桌。

朱棣文比另外两位物理学奖得主要荣幸，因为得奖人还要按英文姓氏字母先后排序，他姓氏中的C字母要比另外两位的姓氏排前。这样，朱棣文不但是第一个领奖人，而且在晚宴时被安排坐在美丽的瑞典公主旁边。至于经济学奖得主，则远远地坐在长桌的另一端。

朱棣文说，也许有人会想，能够参加这场皇家晚宴是多么值得羡慕的事，但只有亲临这场晚宴的人才能懂得吃诺奖大餐的艰难。出发前，美国方面有关人员就频频告诫他：按传统，如果国王与王后没有站起来，全场谁也不能站起来或先行离席。这就涉及一件很重要的事，那就是用餐前绝对不能喝任何饮料，以免到时候想上洗手间而不行。

这场晚宴共有1300人出席，上菜速度非常慢，整个晚宴持续了三四个小时。为了避免中途如厕，朱棣文说他当天晚宴前几个小时就不敢喝水了，尽管晚宴供应的葡萄酒极佳，他又是那样一个喜欢喝好酒的人，也只能小口浅尝。许多诺贝尔奖得主或应邀出席的前任诺贝尔奖得主及贵宾年纪都很大了，长时间用餐而又不能中途离席上厕所，这可是一个大问题，他们看上去如同受酷刑一样。而坐在他身边端庄、美丽的瑞典王后与公主，朱棣文似乎观察得也很细微，他对她们所佩戴的珠宝还很有研究。他幽默地说："这可是有讲究的。王后的大别针，上面有国王的侧面肖像,正好对着王后的脸,这样,王后就永远逃不开国王的注视啦!"

朱棣文的演讲妙语连珠,风趣幽默,每每令听众大笑。

2000年8月,当朱棣文偕夫人来到太仓朱棣文小学参观时,有一个年轻的记者捧着采访本向朱棣文提问题。朱棣文见状直率而又风趣地说:"教育要培养的是实际操作能力和应变能力。你要把你的本子合上听我的回答,然后再想你要提的下一个问题。"

话语之间,朱棣文既表达了自己的思想和对记者的要求,又体现出一个物理学家的风趣和幽默。

朱棣文获得诺贝尔奖后,有人问他会如何处理那一百万美元的奖金。他幽默地说:"这是我和其他两名科学家共同得奖,因此是100万美元分成3份,另外,'山姆大叔'(指纳税)要拿走一半,真正剩下来到手中的只有十多万美元而已。我要好好想想用这笔钱做什么。"说到这里,他认真地想了想,表示要用这钱还掉些贷款,在孩子的教育上用一些,自己还想买一辆山地自行车。

七、精力过人、才华横溢的科学家

说到山地自行车,就得说说朱棣文的业余生活了。

朱棣文是个精力过人、兴趣广泛的科学家。他过去喜欢读小说和其他文艺作品,喜欢画画,但现在太忙,只好放弃。他说也许他退休后,可以再捡起来。

但体育运动他是不肯放弃的,每天都离不开。

运动可以使他的头脑保持清醒,更好地思考问题,当然更能强身健体。

朱棣文有三辆自行车,一辆是花 5000 美元买的,他平时不舍得骑;还有一辆是专门作登山用的;另外一辆破的红色自行车,是他平时上下班骑的。他每天上下班都骑那辆红色的车座子都已裂开了花的破旧自行车,这与斯坦福大学到处可见的名牌汽车形成了鲜明的对比。每逢周末,他会一个人骑上登山车去登山,每次两三个小时,有时是与夫人吉恩一起去的。多少年来,朱棣文一直坚持着这种锻炼身体的方式。

朱棣文的网球也打得很专业,在大学里是出了名的。他是网球场上的高手,每次出差,网球拍子常常是他行李箱中必带的物品。1998 年 3 月,他到中国台湾作演讲,诺贝尔奖得主李远哲博士邀请朱棣文与他进行网球比赛。赛场上,朱棣文身穿白色球衣,容光焕发、英姿勃勃。

这场球赛,连续打了三场,两场双打、一场单打,比赛结果是一胜、一负、一和。赛后朱棣文谦虚地说李远哲是天生的运动员,网球打得比自己好。夫人吉恩却夸奖朱棣文的球技也不错，称赞他的球技与网球名将张德培有点相似，夸得朱棣文都不好意思了。

其实，吉恩对丈夫的夸奖是发自肺腑的。因为在家中，朱棣文还是个"诺贝尔级厨师"（吉恩语）。

朱棣文在研究工作之余，还有一个嗜好，那就是下厨做菜，然后与妻儿、亲友一起享用。他的厨艺很高，中国菜、意大利菜、法国菜、墨西哥菜等中西料理他都在行，尤其以中国菜、墨西哥菜最拿手。每个尝过他做菜的人，都说他是个顶呱呱的好厨师。一次，有位博士生对朱棣文说自己没有时间做饭，朱棣文就对她说："做饭很容易，一定要先有个安排。你回家一定要做饭，无论实验多晚，都要回家做饭。"

他认为做饭跟做实验一样，可以训练一个人的专注力和解决问题的能力，特别是在冰箱里找剩菜，拿仅有的材料下厨，在有限的资源中求变，这种经验与能力，对日后在研究中解决所面临的瓶颈问题有很大的助益。所有男性应以能烹饪为傲，也应该让孩子从小学会下厨。

李远哲博士与朱棣文的看法不谋而合，过去他在选拔优秀生入大学时，曾淘汰了一些被称为非常优秀的孩子，当时孩子的父母很不理解与不满，而李远哲认为：这些只会念书的孩子，连煎蛋、煮蛋都不会，怎么可以做实验？

尾声：中国在他心中的位置与分量

2008年12月15日，美国芝加哥。

当选美国总统的奥巴马在电视直播的新闻发布会上决定，提名劳伦斯伯克利国家实验室主任朱棣文出任美国能源部部长。

朱棣文对能源问题和环保问题的认识相当深刻，他积极倡导寻找新能源的观点与奥巴马的新政策非常接近，与奥巴马把新能源技术及时引入市场的竞选主张完美契合。

2009年1月20日，美国总统奥巴马在华盛顿宣誓就职。

同一天，美国参议院在奥巴马宣誓就职几小时后，当即无异议地通过六位部长的提名。能源部部长朱棣文名列首位。

上任伊始，朱部长所表态的第一件事是："中国是一个大国，国际减排协议必

朱棣文上任美国能源部部长

须有中国参与。美国可以为中国提供节能技术,尤其在建设施工方面。如果中国不同意的话,我们就需要重新考虑政策的制定。"屁股还没把能源部部长的凳子焐热,朱棣文首先想到的就是中国,可见中国在他心中的位置与分量!

参考文献

1. 周金品,张春亭.从原子弹到脑科学：唐孝威院士的传奇人生［M］.北京：科学出版社，2003.

2. 中共苏州市委宣传部,苏州市教育委员会,苏州市科学技术委员会.院士风采录［M］.苏州：古吴轩出版社，1998.

3. 苏州大学校史编写办公室.唐文治年谱.1984.

4. 刘屏.王淦昌［M］.石家庄：河北少年儿童出版社，2001.

5. 吴振华,昌明.攀登：唐孝威院士的科研历程［M］.杭州：浙江大学出版社，2012.

6. 李敏.唐孝威［M］.北京：金城出版社，2011.

7. 邹世昌,海波,秦畅.芯片世界：集成电路探秘［M］.上海：华东师范大学出版社，2017.

8. 黄胜年.黄胜年诗文集［M］.北京：原子能出版社，2007.

9. 祁淑英.钱三强［M］.石家庄：河北少年儿童出版社，2001.

10. 庞瑞垠.吴健雄［M］.长沙：湖南文艺出版社，1987.

11. 李冰,王海安. 吴健雄 林巧稚[M]. 西安:未来出版社,1998.

12. 李剑君,陈子丰. 厚积薄发:朱棣文的科学风采[M]. 上海:上海科技教育出版社,2001.

13. 李剑君,曹慧. 朱棣文:捕捉原子的诺贝尔奖得主[M]. 北京:北京交通大学出版社,2006.

14. 李剑君,曹慧. 大洋彼岸的华裔巨星:朱棣文[M]. 北京:北京交通大学出版社,2009.

后 记

　　这里是东濒长江、南邻上海、西接昆山、北连常熟的江海之交地，据考证，在五六千年前，苏南大地是一个波涛起伏的海湾，入海口在今扬州、镇江一带。

　　汹涌激越的下江（源出太湖鲇鱼口，太湖尾闾之一）由西而来，在今苏州市东南30里古三江口与松江分流，往东北方向入海，在这里留下了大量的泥沙。历经岁月的沉淀，泥沙淤积成堆，渐渐形成了一片陆地。北宋至和二年（1055）重新疏浚，更名致和塘。

　　当年的致和塘和这片泥沙淤积成的陆地，即今太仓市的前身娄江与娄东，而从娄东入海的港口，即今天的浏河港（浏家港）。

　　故太仓市旧称娄东，浏河旧称下江。

　　至于太仓之名，则是2500多年前因吴王楚君在此建仓囤粮得名。

　　元代，是太仓历史上的黄金时期。浏家港的崛起和漕运的开通，使太仓的政治、经济和城市建设有了急遽发展，这里筑起了被称为"万家之邑"的太仓城，浏家港也成了外通六国的"天下第一码头"。吴元年建太仓卫，明初置镇海卫，屯兵驻防。明弘治十年（1497），割昆山、常熟、嘉定三县地建太仓州。清雍正二年（1724），升为江苏直隶州，并析地置镇洋县。民国元年（1912），太仓州和镇洋县合并，定名太仓县。中华人民共和国成立后，始属苏南人民行政公署，后隶属江苏省苏州地区专员公署。1983年3月，改隶苏州市。1993年3月28日，撤县建太仓市。

太仓是中国明朝航海家、外交家郑和扬帆起锚七下西洋的起点，他远航亚、非30余个国家，写下了我国对外贸易和世界航海史上的光辉篇章。

"漕舟之津"与"商货之区"的丰饶，繁荣的经济与宽厚外向的民风，吸引了天下无数英才在这里汇集。

明清时期，太仓的文化随经济的发展而活跃，经祖籍或客居太仓的鸿儒先贤、仁人志士的积极倡导、身体力行，在经史理学、文坛艺苑、科技工艺等方面，涌现了数十名史有所载的著名人物。如胸怀雄才大略、忠心报效国家的祖孙尚书王锡爵、王掞；大思想家陆世仪；复社领袖张溥；抗倭名将熊桴、任环；吴中水利专家郑旦；才华横溢、独步文坛的王世贞；大诗人吴梅村；"明四家"之一的大画家仇英；执清朝画坛三百年牛耳的娄东画派开创者王时敏、王鉴、王原祁；昆曲的创始人、戏曲音乐学家魏良辅；博古通今、道德化人的经史学家毕沅、陈瑚；教育家陆宝忠、唐文治；民主革命先驱俞剑华；巧夺天工、蜚声朝野的雕刻大师陆子冈，以及冶炼、制造、航海、地理、医学、园林等诸方面的名师大家。至今，在太仓这块古老的土地上，还保留着他们不少珍贵的文物遗迹，流传着他们大量的趣闻轶事，绵延着他们留下的优秀传统。

所以，从民国至今这百余年里，在这片只有815平方公里的享有"金太仓"之名的地方，又诞生了11位中国科学院与中国工程院院士。除本书所撷取的上述7位院士（以当选中国院士日期为序简介）外，还有——

首次证明来自丘脑腹外侧核神经元的纤维末梢与大脑皮层快锥体束神经元有直接突触联系，证明刺激猫十字沟旁4区及6区皮层可在快传导的网脊神经元上引起单突触反应与针刺激外周神经可抑制伤害性刺激引起的脊颈束神经元或其他背角神经元的反应的神经科学家，1991年当选中国科学院院士的吴建屏。

先后领导并主持了国家"863""973"高科技计划的规划和实施，着力推进生命科学与人工智能技术融合的颠覆性变革，为我国生命科技领域的发展做出了重要贡献的生物技术专家，1997年当选中国工程院院士的杨胜利。

60多年来一直从事水利水电工程建设的技术和管理工作，先后参与、组织了三峡、刘家峡、盐锅峡、石泉、安康、龙羊峡等水电工程的建设的三峡集团首任总经理，2003年当选中国工程院院士的陆佑楣。

30多年来一直从事大气光学及其工程应用研究的中国

应用大气光学主要开拓者，2003年当选中国工程院院士的龚知本。

他们每个人都有着非同寻常的少儿时代，不少人承受过不义战争带来的苦难，饱尝过饥寒交迫、挣扎在生死线上的痛苦。但他们为国家的文明进步倾注了自己全部的心血，谱写了科学技术史上灿烂的篇章，在中国自然科学与工程技术领域取得了世界性的突破。他们的研究成果代表了中国科学技术的最高水平和成就，成为祖国和人民的光荣与骄傲。

他们一路走来，是值得人们学习的榜样。尤其广大青少年，可以从这些前辈的身上，从他们宝贵的人生经验和充满辩证思想的睿语中，获得感悟、思考和启发，并沿着他们探求真理与科学的足迹，从小树立热爱科学、学习科学、发展科学、献身科学的远大理想，长大后报效祖国、奉献人类，成为这方拥有深厚文化底蕴的热土上涌现出来的一个又一个科学精英。

是为后记。